Relação com o Saber, Formação dos Professores e Globalização

EQUIVALÊNCIA DE ENSINO FRANÇA/BRASIL

	França	Brasil
Escola primária	Ensino primário (5 anos)	Início do ensino fundamental (1ª a 4ª) (4 anos + classe de alfabetização)
Collège	1º ciclo do ensino secundário (4 anos)	Fim do ensino fundamental (5ª a 8ª)
Lycée	2º ciclo do ensino secundário	Ensino médio (1º a 3º)

C479r   Charlot, Bernard
       Relação com o saber, formação dos professores e globalização: questões para a educação hoje / Bernard Charlot. – Porto Alegre : Artmed, 2005.

       Tradução dos capítulos Prólogo, 1, 4, 6, 8, 9 e Conclusão de Sandra Loguercio.

       ISBN 978-85-363-0508-0

       1. Educação – Saber – Formação de professores – Globalização. I. Título.

       CDU 37371.13/.16

Catalogação na publicação: Mônica Ballejo Canto – CRB 10/1023

Relação com o Saber, Formação dos Professores e Globalização
Questões para a educação hoje

Bernard Charlot

Reimpressão 2007

artmed®

2005

© Artmed Editora S.A., 2005

Capa
Gustavo Macri

Tradução dos capítulos Prólogo, 1, 4, 6, 8, 9 e Conclusão:
Sandra Loguercio

Preparação do original
Rubia Minozzo

Supervisão editorial
Mônica Ballejo Canto

Projeto gráfico e editoração eletrônica
Armazém Digital Editoração Eletrônica – rcmv

Reservados todos os direitos de publicação, em língua portuguesa, à
ARTMED® EDITORA S.A.
Av. Jerônimo de Ornelas, 670 - Santana
90040-340 Porto Alegre RS
Fone (51) 3027-7000 Fax (51) 3027-7070

SÃO PAULO
Av. Angélica, 1091 - Higienópolis
01227-100 São Paulo SP
Fone (11) 3665-1100 Fax (11) 3667-1333

É proibida a duplicação ou reprodução deste volume, no todo ou em parte, sob quaisquer formas ou por quaisquer meios (eletrônico, mecânico, gravação, fotocópia, distribuição na Web e outros), sem permissão expressa da Editora.

SAC 0800 703-3444

IMPRESSO NO BRASIL
PRINTED IN BRAZIL
Impresso sob demanda na Meta Brasil a pedido de Grupo A Educação.

Prólogo

Este livro apresenta nove textos já publicados em diversos países, como França, Brasil, Inglaterra, Alemanha, Itália, Grécia, Canadá, Tunísia e Chile. Esses textos foram escritos, originalmente, em francês ou transcritos a partir de conferências feitas em português. A Introdução é uma entrevista na qual Jaime Giolo, professor na Universidade de Passo Fundo (RS), pergunta-me sobre meu itinerário de pesquisa.

Por que publicar novamente textos que já foram publicados? Para tornar acessível a um público brasileiro de pesquisadores, de professores, de estudantes universitários, pessoas, enfim, interessadas pela questão da educação, textos de difícil acesso ou reservados a leitores que compreendem francês. A isso somam-se, evidentemente, motivos pessoais, inclusive o prazer (ou a vaidade...) de publicar um novo livro. Os autores raramente falam desses desejos pessoais, sem os quais, no entanto, poucos livros seriam escritos... Mas já que neste livro é muito abordada a relação com o saber, não seria conveniente deixar que pensem que os livros são escritos somente para os leitores; eles são também, e em primeiro lugar, um prazer que o autor se propicia. A introdução em forma de entrevista contribui para esclarecer a relação com o saber que, pouco a pouco, construí ao longo de minhas pesquisas e publicações.

Construir um livro desse tipo obriga a fazer escolhas (quais textos devem ser incluídos?) e a pensar em uma coerência de conjunto (em qual ordem apresentá-los?).

Escolher os textos foi bastante fácil: são textos que discorrem sobre meus temas prediletos, que se apóiam em pesquisas, que permitem abordar questões fundamentais e, ao mesmo tempo, questões relacionadas ao trabalho cotidiano em uma sala de aula e que me parecem fazer sentido no Brasil. Havia outros textos que respondiam a esses critérios, mas foi preciso escolher.

Decidir a respeito do plano foi mais difícil. A lógica habitual impingiria que se partisse do mais geral (a questão da "globalização") e seguisse rumo às situações e às práticas mais relacionadas a um contexto específico. Aprendi, porém, ao longo de minha história intelectual e militante, que quando se procede dessa maneira, analisa-se o mundo e a sociedade e nunca se chega ao momento de entrar na sala de aula. Aprendi também, como pesquisador, que é muitas vezes partindo das pequenas coisas do cotidiano que se avança sobre as questões teóricas fundamentais. Assim, uma questão aparentemente tão banal como "o que é uma aula interessante?" evidencia uma questão teórica essencial e complicada: a do encontro do desejo com o saber. Escolhi, portanto, partir da questão da relação com o saber, que permite interrogar-se sobre a condição humana (Por que o ser humano é obrigado a aprender para se tornar humano?) e, ao mesmo tempo, compreender, por exemplo, por que muitos alunos consideram uma injustiça receber uma nota baixa uma vez que escutaram o professor e fizeram o trabalho solicitado (mesmo que esse trabalho esteja cheio de erros). A primeira parte do livro apresenta três textos em que são expostos, simultaneamente, a problemática da relação com o saber e os principais resultados de 15 anos de pesquisa sobre esse tema. Quanto a essa problemática, vale frisar que ela já estava disponível em português graças à tradução de dois livros pela editora Artmed, mas os resultados mesmo haviam sido apresentados em língua portuguesa apenas em revistas.

Enquanto a primeira parte do livro principia pelas lógicas dos alunos, por sua forma de compreender e de interpretar o saber e a escola, a segunda tenta ver o mundo do ponto de vista dos educadores. O Capítulo 1 parte de uma observação divertida e intrigada: por que os educadores de países tão diferentes como a França e o Brasil se parecem tanto, em certos aspectos, apesar da diferença cultural? Minha hipótese é de que existam universais da situação de ensino (características encontradas em qualquer situação de ensino, independentemente das diferenças de contexto). Para compreender os professores, seria preciso, portanto, interessar-se não somente por sua relação com o saber (com sua relação e a de seus alunos) mas também pela relação com o ensinar (com a situação e com a atividade de ensino). O Capítulo 2 retoma o "velho problema" da teoria e da prática, mas sob uma forma nova. Formar-se, inclusive formar-se como professor, é, ao mesmo tempo, apropriar-se dos discursos (dos "saberes teóricos") e tornar-se capaz de realizar práticas. A questão, porém, fica mais complexa quando se percebe que há também uma prática do discurso (práticas que permitem apropriar-se dos saberes) e um discurso sobre as práticas (os professores falam de suas práticas, e é, na verdade, essa fala, e não suas próprias práticas, que entram freqüentemente em conflito com os "saberes teóricos" dos formadores). Essas distinções permitem, a meu ver, instaurar sobre outras bases a reflexão sobre a formação dos professores. Finalmente, o Capítulo 3 (que poderia também ter sido integrado na parte seguinte) aborda a questão que surge na França em termos de "abertura da escola" e no Brasil em termos de "vínculo entre a escola e a comunidade que a circunda". Se a escola se abre completamente, se ela deixa de ser um lugar específico, não há mais escola. Contudo, se a escola desconhece a realidade que a cerca, ela não faz nenhum sentido para os alunos. O problema se tornou ainda mais difícil pelo fato de que as evoluções da sociedade contemporânea (em intenso avanço na França, em processo no Brasil) fragilizam os fundamentos culturais da escola, tal como ela se construiu historicamente.

É a essas questões, e, acima de tudo, à questão da "globalização", que é dedicada a terceira parte do livro. Ela inicia por um capítulo que trata do principal sintoma da fragilização da escola: a "violência na escola". Trata-se aqui de um desses objetos que chamo de sociomidiáticos, objetos do discurso social e de preocupação por parte da opinião pública, mas objetos que não estão de forma alguma claros para o pesquisador. De que se fala exatamente quando se fala de violência na escola? Encontramos aí uma exigência que percorre todo o livro: "ver os dois lados da moeda", não negligenciando nem os fenômenos macrossociais, nem o que se constrói no cotidiano da vida em sala de aula e nas relações entre professores e alunos. Os dois capítulos seguintes são dedicados à questão da globalização e provêm de minha participação no Fórum Mundial de Educação, realizado em Porto Alegre, e no Fórum Social Mundial. Nestes é o militante que fala tanto quanto o pesquisador.

O capítulo sobre educação e culturas é, certamente, o que mais mostra as vantagens de minha biculturalidade de francês que vive no Brasil. Há alguns anos, eu havia observado que muitos estudantes brasileiros que me pediam para orientar sua tese de doutorado, na Universidade Paris 8, queriam fazer uma pesquisa sobre o tema "escola e comunidade". Para eles, tratava-se de um tema evidente, bem como era evidente que correspondia a um tema "de esquerda". Ora, os franceses têm uma cultura universalista (ou, de qualquer modo, assim pretendem...) e, para eles, a idéia de comunidade remete, no melhor dos casos, ao fechamento e, no pior, ao fundamentalismo religioso. Entretanto, a França é um país de emigração e deve também enfrentar a questão da diferença cultural, mas ela o faz em termos de "origem", e não de "comunidade". O que um francês, que, em sua cabeça, já é um pouco brasileiro, pode dizer a respeito em um Fórum Mundial de esquerda? Parti da hipótese de que é a questão da dignidade (a do ser humano, a de cada cultura, a do sujeito em sua originalidade) o cerne do debate. Para um francês, respeitar a dignidade do outro é reconhecer seus direitos universais; para um brasileiro, é reconhecer o valor de sua diferença cultural. Isso não suprime as contradições, mas permite colocá-las sob outra forma.

Pensa-se sempre com as palavras dos outros, mesmo quando se fala consigo mesmo, como nos ensinaram Bakthin e Vigotski. Geralmente, de modo inconsciente e involuntário. No último capítulo deste livro, ao contrário, isso acontece de maneira consciente e voluntária. Após o primeiro Fórum Mundial de Educação, os organizadores me pediram que apresentasse as conclusões desse Fórum no Fórum Social Mundial seguinte. Baseei-me nos relatórios que me foram fornecidos, buscando escrever um texto coerente e com o qual eu concordasse. Poder-se-á, portanto, considerar esse texto, tranqüilamente, como minha síntese das idéias do Fórum ou como uma apresentação dos princípios fundamentais daqueles que lutam por uma educação possível em um outro mundo possível.

Evidentemente, produzem-se ecos entre esses textos e até mesmo repetições. De um certo ponto de vista, essas repetições são um pouco irritantes, inclusive para o autor. Mas os textos são retomados neste livro tais como foram publicados (salvo algumas correções formais e notas explicativas), pois, cortando certas passagens, perder-se-ia a lógica do texto em questão. Além disso, de um outro ponto de vista, as repetições se mostram interessantes. Elas permitem que uma idéia ou um resultado de pesquisa já mencionado sejam vistos sob um novo ângulo. É mais ou menos como quando se gira um pedaço de vidro entre os dedos (na verdade, imagino uma pedra preciosa, mas seria falta de modéstia escrever isso...), ele adquire cores diversas conforme a luminosidade que o atinge. Certas idéias ficam girando na cabeça do pesquisador e, mobilizando-as em temas diferentes, ele consegue explorar seus múltiplos sentidos.

Várias conclusões eram possíveis. Na medida em que o que dá coerência a este livro é um itinerário de pesquisador, apresentado desde a introdução, decidi encerrar este livro no momento presente desse itinerário: as reflexões, as hipóteses e, às vezes, as surpresas, de um pesquisador francês de ciências da educação que vive no Brasil.

Sumário

Introdução 13
Bernard Charlot: uma relação com o saber

PARTE I – Relação com o saber

1. A problemática da relação com o saber 35

A relação com o saber: questão antiga, noção nova 35
A problemática psicanalítica: o saber como objeto de desejo 37
A problemática sociológica: do social como posição ao social
como posição, história e atividade 38
A relação com o saber: uma questão para a didática? 41

2. O sujeito e a relação com o saber 49

Por que um sociólogo da educação é levado a colocar
a questão do sujeito 49
Alguns resultados das pesquisas empíricas. Que é aprender?
Aprender é trair? 51
Um aprofundamento teórico 54
Uma perspectiva antropológica 56

3. Relação com a escola e o saber nos bairros populares 59

Três questões básicas 59
Alguns textos escritos por alunos 60

A problemática das pesquisas 62
A relação com o estudo 65
Quem é ativo no processo de ensino-aprendizagem? 68
Aprender é mudar 70

PARTE II – Os docentes e a sua formação

4. Enquanto houver professores... Os universais da situação de ensino 75

Os universais da situação de ensino 76
O professor e o novo modelo socioescolar 79
Proceda como bem entender, mas resolva os problemas............... 82

5. Ensinar, formar: lógica dos discursos constituídos e lógica das práticas 89

Direcionar os olhos da alma para o saber, dotar
o indivíduo de competências 90
O ensino como formação: prática do saber e cultura do indivíduo 91
O saber na formação, a formação como cultura 92
Formar educadores na França do século XX 95

6. A escola na periferia: abertura social e cercamento simbólico 101

Solicitações contraditórias são dirigidas à escola 101
Os fundamentos filosóficos do cercamento da escola 103
Os fundamentos sociopolíticos do cercamento
da escola republicana 104
Cercamento simbólico e desigualdades sociais 106
Da lógica político-cultural à lógica econômica:
a escola se abre e entra em "crise" 109
A individuação da existência e o enfraquecimento
dos valores coletivos 111
A "modernização" da escola: recuo do cercamento
simbólico e elitismo social 114
O enfraquecimento do cercamento simbólico em uma
sociedade desigual: uma nova relação com o saber dos alunos,
com novas dificuldades para os professores 117

PARTE III – A escola na época da globalização

7. A violência na escola: como os sociólogos franceses abordam essa questão 125

    A violência na escola: um fenômeno novo? 125
    Distinções conceituais necessárias... e difíceis 127
    Sob a violência: a tensão cotidiana 130

8. Educação e culturas 133

    O direito a raízes 134
    De qual cultura "de origem" estamos falando? 135
    A cultura da comunidade 136
    A educação como humanização, socialização e singularização 137

9. Uma educação democrática para um mundo solidário – Uma educação solidária para um mundo democrático 141

    A educação vítima da globalização neoliberal 142
    Princípios de base e propostas para a educação em uma sociedade e em um mundo mais solidários, democráticos, igualitários e justos 145
    A educação e as lutas sociais 150

Conclusão – Um olhar francês sobre a escola no Brasil 151

Introdução
Bernard Charlot: Uma
relação com o saber*

Bernard Charlot, como pesquisador e escritor da educação, teve uma primeira e significativa aparição no cenário educacional brasileiro nos anos 1980, por meio do livro *A mistificação pedagógica*, que se tornou um clássico para a sociologia da educação. Mais recentemente, depois de 2000, começou a haver uma nova retomada de Bernard Charlot no Brasil, com a publicação dos livros *Da relação com o saber* e *Os jovens e o saber*. Essa relação de Charlot com a intelectualidade brasileira tem tudo para se estreitar e para se fundir definitivamente não apenas porque seus livros continuarão circulando entre nós, porque há grupos de pesquisa no Brasil articulados com a equipe Escol (criada por Bernard na França) e porque, hoje, Charlot é pesquisador do CNPq, mas principalmente porque ele resolveu migrar, de "mala e cuia", para o Brasil. Radicou-se em Cuiabá,[1] onde a companhia da Veleida e o "espírito" da caipirinha brasileira fazem passar despercebido o calor de 40 graus da capital mato-grossense.

Bernard Charlot nasceu em Paris, em 1944. Formou-se em filosofia e fez pesquisas no campo da epistemologia das ciências, sob a orientação de Georges Canguilhem. Aos 25 anos, iniciou seu contato com a educação, lecionando

---

*Entrevista realizada por Jaime Giolo e publicada na Revista *Espaço Pedagógico* (Faculdade de Educação, Universidade de Passo Fundo, RS), v. 10, n. 2, jul./dez. 2003.

para docentes do ensino fundamental na Universidade de Tunis, missão que assumiu como opção alternativa ao serviço militar. De volta à França, trabalhou 14 anos em um Centro de Formação de Professores. Sua produção intelectual é profundamente marcada por essa experiência prática, que lhe permitiu dialogar criticamente com as teses acadêmicas mais expressivas, principalmente no campo da sociologia da educação.

Em 1987, criou a equipe de pesquisa ESCOL (Educação, Socialização e Coletividades Locais), junto ao Departamento de Ciências da Educação da Universidade de Paris VIII – Saint – Denis. Esse centro desenvolveu pesquisas que possibilitaram o quadro básico dos elementos para uma teoria da relação com o saber e se relacionou com pesquisadores de vários países.

Em junho de 2003, Bernard Charlot esteve palestrando na Universidade de Passo Fundo, ocasião em que foi dada a entrevista que se segue.

Jaime Giolo: Sua formação é em filosofia, mas sua produção intelectual, pelo menos a conhecida no Brasil, pende mais para o campo da sociologia. Como se deu essa passagem?

Bernard Charlot: É verdade, hoje em dia, sou mais sociólogo do que filósofo; um sociólogo da educação. Formei-me em filosofia, na França, ocupando-me, especialmente, com questões de epistemologia. Trata-se de questões voltadas para a história da ciência. Não me formei nem em educação e nem em sociologia; me formei em filosofia e epistemologia.

Minha primeira pesquisa, feita sob a orientação de Georges Canguilhem (muito conhecido por ter sido orientador de intelectuais ilustres como Foucault, por exemplo), tratou da noção da experiência na obra dos cartesianos e anticartesianos franceses na segunda metade do século XVII. Foi um trabalho, portanto, de epistemologia das ciências. Estou salientando isso porque, depois, quando fui trabalhar na área da sociologia da educação, ocupei-me especialmente com a noção do saber. Sempre dei uma grande importância à questão do saber, notadamente porque a minha primeira pesquisa tratou de epistemologia.

A educação passou a ser tema relevante para mim a partir da experiência que fiz na universidade de Tunis. Depois de formado, em vez de prestar o serviço militar, eu pedi uma vaga de professor (essa possibilidade de permuta existia), motivo pelo qual fui designado para trabalhar no departamento de educação da Universidade de Tunis. Nunca tinha ensinado. Nunca tinha estudado pedagogia. Não sabia nada. Na minha frente havia estudantes que já eram docentes no ensino fundamental e já eram pesquisadores. Iniciou-se, então, para mim uma experiência interessante. Fiz meus estudos em pedagogia junto com os estudantes, enquanto lecionava. Comprava livros de pedagogia na livraria local e lia-os rapidamente. Eu explicava conceitos para os alunos, e eles traziam casos práticos de suas escolas. Estávamos trabalhando com um pé na teoria e outro na experiência direta dos estudantes.

Isso foi importante porque essa maneira de trabalhar levou-me a uma forte consciência da enorme defasagem que existe entre o discurso teórico e a realidade social. Um discurso teórico tratava do homem segundo a pedagogia tradicional, outro discurso tratava do homem da pedagogia nova (dita nova), mas, nos dois casos, o homem a ser formado era muito diferente do jovem da Tunísia que eu estava conhecendo através dos meus estudantes. Depois de voltar à França, onde, por meu pedido, fui trabalhar em uma escola normal, lugar de formação de professores para as séries iniciais do ensino fundamental, eu descobri que esta defasagem existia também ali, como, por certo existia em todo lugar. E o tema passou a me ocupar de modo especial.

Jaime Giolo: Foi daí que surgiu o livro *A mistificação pedagógica*?
Bernard Charlot: Exatamente. Esse foi o tema do livro *A mistificação pedagógica*. O subtítulo é mais esclarecedor: "Realidades sociais e processos ideológicos na teoria da educação". A mistificação é o fato. Não estou dizendo que a pedagogia é uma mistificação. Às vezes, se entende assim. Estou dizendo que o discurso pedagógico me parece (me parecia, agora já envelheci um pouco) mistificador. O discurso pedagógico é mistificador na medida em que ele fala de tudo, menos de uma coisa: que a educação leva a um emprego, que ela leva a uma divisão social do trabalho. Essa é a idéia central do livro.

Jaime Giolo: Trata-se, pois, de uma obra marxista.
Bernard Charlot: Sim, é um livro marxista. Ainda sou marxista, ou melhor, sou neomarxista. Isto significa que sou marxista que leva em conta a idéia histórica como Marx, a idéia da práxis como Marx, a idéia da contradição como Marx..., o que não fizeram muitos da chamada tradição marxista, especialmente na Europa de Leste. Sou neomarxista também porque levanto o problema do sujeito e da filosofia dos sistemas simbólicos que nem Marx, nem o marxismo conseguiram trabalhar satisfatoriamente. Somos sujeitos. Somos sujeitos histórico-sociais, mas somos sujeitos. Nesse sentido, eu sou neomarxista.

Jaime Giolo: Voltando à mistificação pedagógica...
Bernard Charlot: A mistificação pedagógica ou a defasagem entre o discurso e a realidade social me levou a enfrentar mais profundamente o problema da divisão social do trabalho. Estudei o assunto. Cheguei à conclusão de que há uma ligação entre a divisão social do trabalho e a pedagogia. Por exemplo, quando se estuda as estatísticas sociais, articuladas com o planejamento econômico que é feito, nota-se que a qualificação da mão-de-obra é programada para ser feita e também para não ser feita. Uma parte da mão-de-obra não deve ter qualificação. Na França, no início da década de 1970, imediatamente antes da crise (da consciência da crise), era claro que o problema estava na excessiva qualificação da mão-de-obra. Com o estudo dessas estatísticas, era possível entender melhor o sentido das políticas públicas. Por um lado, o discurso polí-

tico dizendo: "se deve lutar contra o fracasso escolar", por outro, o fracasso escolar estava sendo praticamente programado para existir. Escrevi, pois: "o fracasso escolar é programado". Foi o momento mais rígido do meu marxismo: o fracasso escolar é programado.

Nesse contexto, entrei nos campos da sociologia do trabalho e da história. Escrevi, com Madeleine Figeat, dois livros sobre a divisão social do trabalho na França, nos quais fizemos uma retomada histórica da formação dos operários, desde a Revolução Francesa até o ano de 1984. Em 1985, um livro de 800 páginas buscava um editor. Tive de reduzi-lo em 200 páginas para encontrar uma editora que quisesse publicá-lo, porque as editoras não querem livros tão extensos. Finalmente, foi publicado por uma editora de esquerda.

Jaime Giolo: Depois disso, ou seja, depois de ter refletido, pesquisado e escrito sobre a mistificação pedagógica e sobre os processos de trabalho na Europa e, especialmente, na França, suas preocupações intelectuais mudaram um pouco de rumo. Em que sentido isso acontece e por que razões?

Bernard Charlot: Nesse momento, eu tinha chegado ao fim da minha primeira pista de pesquisa. Vou, aos poucos, mudar algumas coisas. Mudar algumas coisas por quatro razões. Saliento: essas razões são mais interessantes do que o próprio itinerário que percorro.

A primeira razão, que nasceu um pouco depois da publicação de *A mistificação pedagógica*, embora sem nada escrever sobre este ponto, é a que se expressa através da pergunta que me fiz muitas vezes: existe uma mistificação, existem processos ideológicos, mas por que o homem precisa ser mistificado? Por que ele precisa de uma ideologia? Por que é necessário enganar o homem? Por que não se pode dizer "você vai à escola para ter um bom emprego ou um emprego ruim, depende"? Não se pode dizer isso. Se deve construir mitos, ilusões... tudo isso. Mas isso significa que entramos em uma dimensão específica, para além da dimensão economicista. Há outra coisa, além do prático e do imediato, que se deve levar em consideração: é a questão do sentido.

Acho que essa foi a primeira vez que me coloquei esse tema como objeto de pesquisa. Trata-se de uma questão fundamental. O homem está em busca de significados, de sentidos. Ele precisa encontrar um sentido, inclusive quando está sendo enganado por outros.

A segunda questão, a segunda dúvida, nasceu da pesquisa histórica. Eu descobri, nesse âmbito, coisas horríveis. Descobri que o sindicato, o operário pertencente à CGT (Confederação Geral do Trabalho), por exemplo, é sexista. Eu nem poderia imaginar que, por exemplo, as mulheres, muitas vezes, não podiam entrar no sindicato, ou que podiam entrar no sindicato, mas não podiam participar dos debates. Quando ocorria de uma delas ter algo para dizer, ela o dizia a um homem que, por sua vez, o reproduzia para o grande grupo, isto sob a justificativa de que uma mulher, submetida à esfera da emoção, não pode falar adequadamente. Encontrei tudo isso no meio operário: sexismo, às vezes, racismo; às vezes, fascismo; coisas horríveis para um militante marxista como eu. E tinha um problema, eu havia feito também uma outra descoberta, um pouco difícil de aceitar como militante de esquerda: não há um único empresariado. Existem vários empresariados. O dono da mercearia da esquina é um empresário também, mas não é um empresário igual ao dono da Embratel, por exemplo. Entre os dois, há uma significativa diferença. O interesse histórico das diferentes facções do empresariado não é o mesmo, como não é a mesma a relação que mantêm com o movimento operário. Descobrindo isso, eu descobri a contradição histórica. Descobri que a história é feita de contradições.

Jaime Giolo: Isso deve ter influenciado decisivamente sua vida de pesquisador, não?

Bernard Charlot: Nesse processo todo, eu descobri uma coisa muito importante para o meu trabalho de pesquisador, ou seja, que a função da pesquisa não era dizer quem está certo e quem está errado. Não serve dizer: é o povo que está certo. Já sabemos que o povo está certo, e o povo já sabe que está certo. É muito mais interessante analisar o que está acontecendo. É muito mais interessante analisar as contradições, porque o povo, que está certo, não as conhece todas. O militante igualmente não conhece todas essas contradições e, mesmo aquele que as conhece, faz um esforço para ignorá-las, pois a contradição parece atrapalhar a sua ação. Considerei que eu seria mais útil na luta política se analisasse concretamente as contradições, inclusive quando não correspondiam aos meus desejos políticos. Eu descobri que o trabalho de pesquisador é analisar... analisar as contradições. A noção de contradição se tornou uma noção fundamental na minha pesquisa e me ajudou a sair da palavra já pronta, da palavra de ordem.

Jaime Giolo: Desculpe por tê-lo forçado a um pequeno desvio de sua exposição, com a última intervenção que fiz. Você estava explicitando as quatro razões que o motivaram à mudança de rumo de sua pesquisa. As duas primeiras já foram explicitadas. Quais foram a terceira e quarta?

Bernard Charlot: O terceiro elemento que foi importante para a mudança de rumo de minhas preocupações intelectuais foi a minha própria prática de formador de professores. Estava formando (ou fazendo de conta que formava) docentes para as escolas. Nessa época, eu não era, oficialmente, pesquisador, por isso minhas pesquisas tinham de ser feitas fora do horário de trabalho. Nesse sentido, pesquisava, quase sozinho, à noite. Nos finais de semana, como pesquisador eu escrevia: "O fracasso escolar é programado"; durante o horário de trabalho, durante a semana, com os meus estudantes, na sala de aula, eu dizia: "devemos tratar nossas crianças como sujeitos, vamos encontrar um método adequado para que eles aprendam". Nunca nenhum dos meus alunos me respondeu: "não importa o que tentemos fazer, porque o fracasso escolar foi programado".

Jaime Giolo: Vejo que surgiu uma enorme contradição entre suas conclusões de pesquisador e sua prática docente...

Bernard Charlot: Evidentemente havia um problema. Não poderia continuar escrevendo: "o fracasso escolar é programado" e, ao mesmo tempo, dizer aos alunos: as suas práticas estão produzindo um fracasso escolar. Tinha um problema. Porém, acho que as duas coisas estavam certas. Por um lado, há projetos políticos de grande alcance que devem ser bem-compreendidos. A globalização, por exemplo, é um fenômeno norteador da política no mundo inteiro. Esse novo mundo, esse macromovimento da realidade deve ser analisado. Porém, não se pode esquecer a eficácia das nossas práticas cotidianas. Acho que se deve fazer as duas análises: a macro e a micro. Entra-se, dessa forma, no cerne das contradições.

Enfim, o quarto elemento que me levou a rever o rumo das minhas pesquisas foi uma reflexão que fiz sobre o ensino da matemática. Por que matemática? Porque já tinha este interesse pela ciência através da epistemologia das ciências, mas também porque a matemática parece ser a matéria menos política. Quando se trata de português, de história, de economia, etc., posso entender, acho que posso entender, por que as crianças de meios populares apresentam um índice de fracasso escolar superior ao das crianças de classe média. Pode-se dizer que isso se deve à cultura da família, etc. Mas quando se trata da matemática, o problema apresenta-se mais complexo. É difícil entender por que as crianças do meio popular têm mais dificuldades de aprender matemática do que as crianças de classe média, pois, nesse caso, a cultura familiar não é decisiva: não se fala de matemática na família. Assim, tinha de encontrar outro tipo de explicação e, notadamente, é por isso que entrei nessas pesquisas sobre a relação com o saber.

Jaime Giolo: Recapitulando, você iniciou suas pesquisas no campo da educação abordando o problema da mistificação pedagógica, o que o conduziu às discussões em torno das políticas educacionais. O estudo dessas políticas sugeria a conclusão de que o fracasso escolar dos filhos das classes populares é programado. A continuação de suas reflexões introduziram (a) o problema do sentido nas ações humanas; (b) o problema das contradições nas práticas históricas; (c) a contradição específica de sua prática como formador de professores, na qual a categoria de sujeito era decisiva; e, por fim, (d) suas reflexões sobre o ensino da matemática, cujo aprendizado não tem ligações diretas com o capital cultural da família e que, mesmo assim, revela um índice de fracasso escolar maior nas classes populares do que nas classes médias. Essas situações provocaram o surgimento nas suas reflexões do conceito de "relação com o saber". Esse conceito comporta possibilidades de entendimento da realidade escolar superiores às demais tentativas levadas a efeito pela sociologia da educação, especialmente, do conceito de posição social, defendido pela teoria da reprodução. Sobre isso, gostaria de interrogá-lo, mas antes quero saber se, com esse novo tema "da relação com o saber", você abandonou completamente as preocupações com as políticas educacionais.

Bernard Charlot: Não abandonei completamente a linha de pesquisa sobre as políticas educacionais. Minha equipe se preocupa com a questão da territorialização da educação. Continuei, portanto, pesquisando as políticas educacionais também através da questão da territorialização das políticas educacionais. A questão dos municípios, da descentralização, da desconcentração – todas essas são questões das áreas educacionais prioritárias da França, um pouco ligadas também com a questão da globalização. Estive, por exemplo, trabalhando em Porto Alegre, no Fórum Mundial de Educação, com essa questão da globalização.

Acho que se deve analisar as políticas por um lado e as práticas por outro, porque não se pode entender as políticas sem se levar em consideração que as políticas só existem depois de se articularem com as práticas cotidianas. Por outro lado, as práticas cotidianas não são absolutamente livres. Elas dependem também das oportunidades, das possibilidades desempenhadas pelas políticas. Entendo assim.

Jaime Giolo: Agora, gostaria que estabelecesse um breve paralelo entre as teses reprodutivistas e sua tese "da relação com o saber".

Bernard Charlot: Bourdieu desenvolve sua análise do sistema educacional em termos de posições sociais. Certo, é necessário desenvolver uma análise em termos de posições sociais. É necessário, mas não é suficiente. Deve-se ir além de uma análise em termos de posições sociais; deve-se ir além da sociologia, das chamadas sociologias da reprodução. A sociedade é também um conjunto de atividades. Um conjunto de práticas. Não é apenas um conjunto de posições. Se deve analisar a sociedade em termos de atividade, de práticas. Desse ponto de vista, a obra de Vigotski, retomando a idéia de práxis de Marx, é importante. As atividades são socialmente definidas, mas são também atividades de um sujeito. Deve-se levar em consideração o sujeito. Isso significa que se deve canalizar essas atividades também na vertente do sujeito. Por isso, em pedagogia, eu dou uma grande importância ao conceito de mobilização, o qual distingo do conceito de motivação.

Jaime Giolo: Em que o conceito de mobilização é mais adequado do que o conceito de motivação, e como ele permite operar a crítica do reprodutivismo?

Bernard Charlot: Não estou pensando em termos de motivação, em como vou fazer para motivar os alunos. Não é esse o problema. O problema para mim é o que posso fazer para que o aluno se mobilize. A mobilização é um movimento interno do aluno, é a dinâmica interna do aluno que, evidentemente, se articula com o problema do desejo. Nesse caminho, a sociologia encontra-se com a psicanálise, e a dinâmica do desejo é analisada sob o ponto de vista social e também pessoal, inclusive na perspectiva do inconsciente. O sujeito do desejo é um sujeito que interpreta o mundo. Uma das nossas atividades mais importantes é a de interpretar o mundo: interpretação de nossa vida pessoal e do que está acontecendo com os outros. Por isso, eu dou uma grande importância à idéia de sentido. Significado e sentido. Inclusive, distinguindo a posição social objetiva e a subjetiva. Acho que se deve distinguir essas duas situações. Justificando rapidamente, a criança tem uma posição social definida, determinada pela posição social do respectivo pai. Já se fala do pai, esquecendo a mãe. É a mãe que cuida a criança, mas a sociologia fala do pai.

Na verdade, a pessoa mais importante nas nossas pesquisas, no que diz respeito ao sucesso escolar, nem é o pai, nem é a mãe, nem é o irmão maior... É a irmã maior. A personagem mais importante desse processo, que é a irmã maior, não tem lugar nenhum na sociologia clássica da educação. Ela não existe. Tampouco existe a vizinha. A vizinha é uma pessoa muito importante na história escolar. Como disse uma adolescente: "Não posso repetir a minha série porque, no meu prédio, nenhuma vizinha [queria dizer: nenhuma das filhas das vizinhas] repetiu". A irmã mais velha e a vizinha, embora figuras decisivas na mobilização educacional das camadas populares, não têm presença na sociologia clássica.

Voltemos ao problema da posição social. Há, evidentemente, uma posição objetiva, mas há, também, uma subjetiva. As duas são, às vezes, completamente diferentes. A posição subjetiva é a que adoto em minha mente interpretando a posição objetiva. Posso ser filho de imigrante analfabeto e ter orgulho disso assim como posso ter vergonha; posso ser filho de imigrante e ter como projeto mostrar aos outros (meus semelhantes) que temos valor também. Há, pois, várias maneiras de ser filho de imigrante. O que vai ter uma eficácia na história escolar do indivíduo, não é diretamente a posição objetiva do pai, mas o que o filho faz de sua interpretação desta posição. A isto chamamos de posição subjetiva social. Ela implica todo um trabalho de interpretação, de produção e de transformação de sentido.

Uma sociedade não é apenas espaço social; uma sociedade é também tempo. É muito importante viver e entender que uma sociedade é também tempo. Isso significa que não vou apenas analisar as situações escolares; vou tentar entender como essas situações aconteceram. O que aconteceu para que as chamadas situações de fracasso escolar viessem a ocorrer? Qual foi a história? Quais foram os processos que contribuíram para construir e estruturar essa história escolar de fulano ou de sicrano como membro de um grupo social e também como sujeito singular dessa história? Isso me parece muito importante. É o que já sugeria Marx com a noção de práxis. Acho que a noção marxista de práxis é muito importante porque diz que o homem está mudando o mundo pelo seu trabalho e, ao mudar o mundo, ele muda a si mesmo. Ele está se formando através da ação de transformar o mundo. É uma noção fundamental.

Esses são, em linhas gerais, os principais limites do reprodutivismo e as linhas mestras da interpretação que eu proponho.

Jaime Giolo: Especificamente em termos de interpretação do chamado "fracasso escolar", o que diz a equipe Escol?

Bernard Charlot: Para pertencer a essa equipe há, fundamentalmente, uma única obrigação: fazer o que estou chamando de leitura positiva da realidade social. O que isto significa? Não estou dizendo que sou otimista, embora eu seja. Não estou dizendo que quem não conhece nada de matemática, conhece, entretanto, muitas coisas sobre usina, madeira, etc. Não estou dizendo nada disso. Estou dizendo que explicar em termos de carência não é explicar. É essa tentativa de explicar tudo em termos de carência que estou nomeando de leitura negativa. Quando se diz: "esse aluno fracassou porque ele não está desse ou daquele jeito, falta-lhe isso ou aquilo, não é isso ou aquilo", se está fazendo uma leitura negativa do fracasso escolar. Se deve refletir sobre essa maneira de raciocinar. Em primeiro lugar, ela significa que eu não digo nada do aluno fracassado e só falo do outro, do aluno bem-sucedido. Aquele aluno que não tem essas carências é o que está na escola, o que se conhece. Os outros, os malsucedidos, não são assim. Mas como são os outros? É essa a minha questão. Como são os outros? Isso, de um ponto de vista epistemológico, vale como crítica da sociologia, mas também como crítica do discurso que se pode ouvir nas salas de professores, nas escolas: "ele não tem", "ele não é", "a família dele não tem", " família dele não é", etc. Todo esse discurso não tem o menor sentido. Quando se fala em termos de carência, epistemologicamente não se produz qualquer sentido. Não se pode explicar algo a partir do que não existe. É simples: uma explicação em termos de carência (do que falta) consiste em conferir uma causalidade ao não ser. É "a falta de" que é "a causa de". Isso não significa nada. Como uma falta (um não ser) pode ser a causa de alguma coisa (um ser)? Não tem nenhum sentido sob ponto de vista epistemológico.

Não estou dizendo, com isso, que as carências são ficções. Eu sei que os alunos fracassados não conhecem, não têm alguns saberes que outros bem-sucedidos têm. Eu sei disso. Eu sei que eles não construíram algumas competências que podem ser vistas nos outros. Não estou dizendo que eles sabem. Não estou dizendo que eles têm essas competências. Estou dizendo que, para entender por que eles não sabem, porque eles não construíram competência, deve-se explicar o que aconteceu e não o que faltou. É essa a leitura positiva. Ela é muito difícil de ser feita porque o nosso modo espontâneo de raciocinar segue o modelo da leitura negativa. Fala-se da exclusão, por exemplo. Não é bem claro esse conceito de exclusão. Ninguém fica, simplesmente, excluído, completamente excluído. Você pode ser excluído de um lugar, mas quando você está excluído de um lugar, você existe em outro. Eu quero saber onde é esse lugar e quem está lá. Se você deixa de estar em uma situação, estará, necessariamente, em outra. Eu quero conhecer essa outra situação. Os que falam em termos de exclusão, via de regra, não levam em consideração onde está e o que está fazendo o excluído. Nesse discurso, o excluído parece ter deixado de existir. A sua situação, o seu lugar, não é problema. Essa é uma forma de repetir em teoria a dominação que existe no mundo real. Na França, isso acontece. Aqui também: os sem-terra, os sem-teto, os sem-isso, os sem-aquilo... Politicamente isso pode até ser importante, porque estamos dizendo que certas pessoas não têm o que outras têm. Mas, para uma compreensão efetiva, deve-se entender como vive quem é sem-terra, como vive quem é sem-teto. Dizer de uma pessoa que ela está sem teto e dizer que ela dorme na rua não é dizer mesma coisa. Do ponto de vista da pesquisa, corre-se o risco de ignorar o que as pessoas estão vivendo na lógica delas. É por isso que, nas nossas pesquisas, insistimos sobre a relação com o saber na compreensão das lógicas de vida dos alunos fracassados, as lógicas dos alunos e das famílias populares. Mostramos que essas lógicas são diferentes das da instituição escolar, são diferentes, inclusive, das dos professores. Consideramos que se deve levar em consideração essa lógica para que seja construído um percurso pedagógico no qual os alunos das classes populares realmente melhorem em termos de apropriação do saber. Eles não são feras, não são animais selvagens que não podem ser entendidos, esses jovens não são loucos. Não são loucos, inclusive, quando eles parecem dizer coisas loucas. Na França, por exemplo, se ouve, de vez em quando, os jovens dizendo: "se professores recebem um salário, por que nós não recebemos um também?" Parece uma idéia louca, mas não é tanto assim, porque se a escola prepara o trabalhador, se a escola encaminha para um emprego mais tarde, já se deveria remunerar os alunos desde o começo de sua formação, já que é o início de sua carreira profissional. Não é uma idéia louca em si; é uma idéia que parece louca na lógica da instituição escolar. Mas na lógica dos alunos, parece uma idéia coerente.

Jaime Giolo: Vamos nos demorar um pouco mais sobre seu trabalho e o trabalho da sua equipe Escol em torno do fracasso escolar. Como se deve colocar a questão do fracasso escolar?

Bernard Charlot: Nossas pesquisas, efetivamente, tratam do que se chama fracasso escolar. Trata-se de um tema muito discutido, mas pouco analisado. O assunto, no discurso público, assume tantas conotações que, no fim, ninguém sabe bem do que se fala quando se fala em fracasso escolar.

Por isso, em nossas pesquisas, partimos de três questões fundamentais para elucidar o problema do fracasso escolar:

1. Para uma criança de família popular, qual é o sentido de ir à escola?
2. Qual é o sentido de estudar e de não estudar na escola?
3. Qual é o sentido de aprender/compreender quer na escola quer fora da escola?

Jaime Giolo: Por que partir dessas três questões que, à primeira vista, parecem distantes do problema do fracasso escolar?

Bernard Charlot: Por que eu levantei essas questões? Quando um aluno encontra dificuldades na escola, qual é a questão que geralmente se levanta? São as supostas carências culturais dos alunos e de suas famílias ou é o estilo pedagógico do professor? Neste caso, quer se saber se o professor é ou não tradicional e, via de regra, inicia-se uma interminável briga pedagógica que não leva a lugar algum, simplesmente porque esse não é o problema.

A problemática da questão pedagógica é muito simples: esse aluno estudou ou não estudou? Se ele não estudou, é claro que ele não vai saber. De imediato, vem outra questão: por que ele vai estudar, por que ele vai ter o desejo de estudar? Seguem-se outras questões: Que sentido ele vê em ir à escola? Qual é o sentido de ter de estudar? E, depois, evidentemente, há outra questão: é suficiente estudar para ser bem-sucedido? Para ser bem-sucedido tem de estudar/trabalhar?

Na França, se diz que o aluno trabalha na escola. No Brasil, se diz que ele estuda. Descobrimos que estudar e trabalhar na escola não tem o mesmo sentido na cabeça dos alunos dos meios populares e na cabeça dos professores (e no entendimento da instituição escolar).

Essa diferença de lógica é um ponto muito importante porque conduz diretamente ao problema do sentido do estudo e também ao problema do prazer. O aluno encontra ou não prazer em estudar? Não estou falando do prazer sem esforço; acho que não há educação sem esforço. Não há contradição entre prazer e esforço. O esportista faz esforço, mas sente prazer em fazê-lo. A contradição se revela quando é preciso fazer esforço sem sentido, só para obedecer. Como haverá prazer nessa atividade?

Eis que o problema do sentido e, por decorrência, o problema do prazer aparecem como os problemas fundamentais da escola, do ensino e da aprendizagem. Longe de se esgotarem na disputa entre tradicionais e construtivistas, esses problemas apontam para o essencial que é saber se o aluno tem a possibilidade de ter uma atividade intelectual ou não.

Jaime Giolo: Trata-se, em resumo, de uma relação com o saber, como você anuncia no seu livro, publicado entre nós em 2000. Seria possível detalhar um pouco mais os procedimentos e os resultados de suas pesquisas?

Bernard Charlot: Antes de desenvolver a problemática mais teórica e os dados da pesquisa, gostaria de recordar três textos escritos por jovens franceses. São manifestações colhidas por uma pesquisa realizada no final da década de 1980. Pedimos para os alunos responderem à seguinte questão: "Desde que nasceram, vocês aprenderam muitas coisas na família, na escola, na rua e em outros lugares; o que nesse conjunto de coisas foi mais importante?"

O primeiro texto foi escrito por um jovem de 16 anos que estudava na 8ª série:

> Aprendi coisas que admiro como amizade, fazer sacanagem, me divertir, conhecer lugares, ir à boate. Na escola, aprendi a escrever, a ler, a falar, a me expressar, a pensar, a saber, a ter êxito, a ter confiança em mim, e todas essas coisas me servirão depois para meu trabalho e para meu futuro. Em casa, aprendi a andar, a falar e a gostar dos meus semelhantes. Mas a coisa mais importante para mim são os estudos, mesmo que eu não preste muita atenção, pois meus colegas de classe nos põem mais em enrascadas do que nos safam delas. E agora espero mesmo que eu me dedique realmente ao estudo para poder ter êxito em todas as minhas escolhas e empreendimentos, ter uma profissão no futuro.

Se entendermos o que um adolescente de um bairro popular francês de 16 anos tem na cabeça quando escreve que, agora, espera mesmo dedicar-se aos estudos como se fosse uma coisa que caísse do céu, sem nenhuma responsabilidade, provavelmente entenderemos algo importantíssimo do ponto de vista pedagógico e do prático.

O segundo texto é de uma criança de 10 anos, 4ª série, filha de imigrantes. Ela escreveu um texto em forma de carta para o professor:

> Bom dia, Bruno [nome do docente], sou eu, Bilal. Tenho muitas coisas para lhe dizer desde que eu nasci. A primeira coisa que aprendi foi falar e dizer mamãe, mas, quando tinha um ano, eu adorava contar. Essa era minha paixão. Eu contava para me acalmar. Aprendi a falar em Paris, na minha casa. Aprendi a falar, a correr, a contar com minha mãe, meu pai, meu irmão e minha irmã mais velha. Depois, com três anos, fui ao maternal com minha professora Katy e depois com Martine. Quando cheguei na 1ª série, eu não parava de me vangloriar, mas também contava muito com a minha irmã Maxime, que tem hoje 19 anos. Depois fui pra 2ª série, depois pra 3ª série e, não sei como, se foi um milagre ou por causa de Deus, vim parar aqui no 4º ano com você, Bruno.

Esse texto é muito importante. O que está acontecendo no universo e na cabeça de uma criança de 10 anos quando ele está escrevendo isso?

Por fim, o texto de um jovem de classe média:

> Faço um balanço do meu saber atual. Adquiri um certo número de conhecimentos durante os meus 14 anos vividos. Cada matéria tem sua utilidade e nos traz muita coisa. O francês nos ensina a bem dominarmos a nossa língua, tanto na escrita quanto oralmente. Essa matéria nos permite desenvolver a nossa expressão. Matérias como a história e o francês nos mostram a vida diferentemente (...) Mesmo quando ainda somos apenas criança, é preciso estudar o comportamento dos nossos pais e tentar entender seus passos e gestos, porque, mais tarde, nós seremos os pais. Se nós distinguirmos bem os erros cometidos pelos nossos pais, isso talvez nos permita no futuro não cometer os mesmos erros.

Entre os dois primeiros e o terceiro texto, há várias diferenças. Já há diferenças no nível de uso da língua. Obviamente, o professor vai dar uma boa nota ao terceiro texto que foi bem escrito. Mas, na verdade, tem outras diferenças: os dois primeiros textos estão tentando responder à questão formulada pelo pesquisador: "O que você aprendeu desde que nasceu?". O terceiro texto está trazendo outra coisa, este aluno está falando como se ele fosse professor, avaliando tudo, avaliando as matérias, ele não está dizendo o que aprendeu, ele está avaliando as matérias. Em princípio, ele está avaliando a educação que ele está recebendo da sua família: "devemos estudar os passos, os gestos dos nossos pais e os erros dos nossos pais". Entre os dois primeiros textos e o terceiro, há uma diferença fundamental na relação com o saber, na relação com o mundo, na relação com os outros, na relação com a linguagem e na avaliação de si mesmo. É esse conjunto de relações diferentes que estamos pesquisando para entender por que as crianças das classes populares encontram mais dificuldades na escola do que as da classe média.

Achamos que não é um problema de carências, mas de lógica, que é diferente nas famílias populares e na instituição escolar. A relação com o mundo, a relação com os outros, a relação consigo mesmo, que possibilitam ser bem-sucedido na nossa escola, não são as que caracterizam os filhos dos meios populares.

Jaime Giolo: A correlação estatística existente entre o sucesso escolar e a origem social dos alunos passa, portanto, por esse complexo de relações que o aluno estabelece com o seu meio, de modo especial, a relação com o saber.

Bernard Charlot: Existe essa correlação estatística entre, por um lado, o que se chama de origem social da criança e, por outro lado, o fato de ser bem-sucedido ou fracassado na escola. Isso não é algo novo, há 30 anos já se sabe. Em vários países do mundo existe uma correlação estatística entre a origem social do aluno e o fato de ser bem-sucedido ou fracassado na escola. Isso significa que se deve combater a desigualdade social frente à escola. Isso deve ficar bem claro. Nunca vou negar a desigualdade social frente à escola. O problema vem depois. Como se constrói essa desigualdade social? Como se pode entender o fracasso das crianças dos meios populares em uma escola em que os docentes, a maioria deles, desejam que essas crianças sejam bem-sucedidas e tentam, com esforço, ajudá-las? Como entender isso? É esse o problema. Como se cria, no cotidiano da vida escolar, esse fracasso expressivo dos jovens dos meios populares.

Em primeiro lugar, deve-se dizer que uma correlação não é uma causa. Vou insistir neste ponto. Nunca os sociólogos mostraram, nem disseram, nem pensaram que a família é *a causa* do fracasso escolar. Muitos docentes estão pensando que essa ciência mostrou que a família é a causa do fracasso escolar. Os sociólogos mostraram uma correlação estatística, mas uma correlação estatística não é uma causa, é completamente diferente. Vou explicar. Pode existir uma correlação estatística entre dois fenômenos sem que um seja a causa do outro. Vou dar um exemplo: existe uma correlação estatística entre a hora em que o galo canta e a hora em que eu me barbeio. Isso significa que uma pessoa que vai marcar a hora em que o galo canta e a hora em que eu me barbeio vai encontrar uma correlação estatística. Mas é uma correlação estatística sem causa, esses dois objetos têm uma mesma causa que é o nascer do sol. Isso pode significar que pode ter uma correlação estatística sem causa, sem que um dos fatos relacionados pela correlação estatística esteja ou seja a causa do outro.

Vou dar outro exemplo, agora referente à educação. Em uma ilha muito pobre do sul da África existe uma correlação estatística entre o fato de o aluno morar em um apartamento ou em uma casa que tem banheiro e o fato de aprender a ler. Esse aluno é mais bem sucedido do que o que mora em casa sem banheiro. Pode-se verificar. Evidentemente não se pode transformar essa correlação estatística em uma relação de causa: o fato de tomar duchas, como causa da aprendizagem da leitura, não é verdadeiro nem falso, é ilusório, não tem sentido dizer isso. Não se pode transformar esse dado em uma causa.

Dizer que a família é a causa do fracasso escolar equivale a dizer que a ducha é a causa da aprendizagem da leitura. Qual é o fim do raciocínio? Não disse que não há nenhuma relação entre a família e o fracasso escolar, porque, se uma relação não existisse, também não haveria uma correlação estatística. Existe uma relação entre a família e o fracasso escolar, assim como existe uma relação entre o banheiro e a aprendizagem da leitura. Posso levantar hipóteses: por exemplo, em uma ilha pobre, uma família que tem dinheiro para morar em um apartamento ou em uma casa que tem banheiro, provavelmente, tem determinadas práticas culturais. Provavelmente ela tem o pai ou a mãe que lê. Assim, a criança vai encontrar revistas, livros e pessoas lendo em toda a casa, o que a fará construir, já cedo, uma certa relação com a escrita e também desejar ler e escrever. Ela encontrará sentido nessa atividade e, provavelmente terá mais facilidade na escola. Portanto, existe uma relação entre o banheiro e o fato de aprender a ler e a escrever. Mas essa não é uma relação da causalidade nem uma relação direta, é uma relação indireta.

O trabalho do pesquisador é identificar e investigar os intermediários, as mediações, entre o banheiro e a aprendizagem da leitura e da escrita, entre a família e o fracasso escolar. Existe uma relação que não é uma relação de causalidade. Não existe nenhum determinismo, existe uma probabilidade. Existe uma probabilidade mais forte de um filho de um operário analfabeto ser fracassado. Mas, apesar disso, existem filhos de operários analfabetos que são bem-sucedidos. Existem probabilidades. Existem o que chamamos de êxitos paradoxais. No Brasil, quantas são as pessoas oriundas de famílias dos meios populares que foram bem-sucedidas na escola e, hoje, lecionam em universidades? São casos que não correspondem ao discurso da sociologia clássica das décadas de 1960 e 1970.

Jaime Giolo: Ou seja, o itinerário escolar das pessoas não está determinado, exclusivamente, por processos sociais (coletivos, estruturais), mas igualmente por decisões e escolhas dos indivíduos. É isso o que você está querendo dizer?

Bernard Charlot: Exatamente. É preciso considerar que a história escolar é, ao mesmo tempo, uma história social e uma história singular (individual). Não há oposição entre o nosso lado social e o nosso lado singular. São formas ingênuas de pensar as que afirmam que quanto mais social eu sou, menos sujeito individual sou. Não faz sentido. Eu sou 100% social, eu sou 100% singular. O que é interessante é que se vou somar 100% social e 100% singular, o resultado não é 200%, o resultado ainda seria 100%. Em termos mais acadêmicos, estamos dizendo que a relação entre o social e o singular não é aditiva, é multiplicativa. Eu sou 100% social, porque, se não fosse social, não seria um ser humano. Não posso ser humano sem ser social. Eu sou 100% singular porque no mundo inteiro não existe nenhum outro ser humano que seja igual a mim. Inclusive se tivesse um irmão gêmeo, eu continuaria sendo 100% singular e 100% social. Por isso, deve-se entender a história escolar de uma pessoa ao mesmo tempo em uma perspectiva sociológica, como uma história social, e em uma perspectiva psicológica, como uma história singular. Isso constitui também a especificidade de um departamento de educação que tem de trabalhar a partir de um ponto de vista sociológico e de um psicológico.

Jaime Giolo: Todas as idéias que você desenvolveu até aqui, especialmente na crítica que operou ao reprodutivismo, sugerem que, na justa medida, as práticas pedagógicas são eficazes. É isso mesmo?

Bernard Charlot: Acho que nunca se deve esquecer da eficácia das práticas pedagógicas. Os professores são mais ou menos eficazes, se deve aceitar essa idéia. Alguns professores são mais eficazes com um tipo de aluno e menos com outro. Isso significa que nossas práticas em sala de aula têm conseqüências importantes na vida dos alunos.

Também gostaria de dizer que nunca se deve esquecer a questão do saber. A sociologia pensou (está pensando) a escola esquecendo uma coisa importante: que na escola se aprende coisas. Atualmente há, na França, um sociólogo muito interessante que se chama François Dubet, que pesquisa os meios populares e a experiência escolar do aluno. Mas, na experiência escolar do aluno, ele nunca fala do problema do saber. Acho que nunca se deve esquecer de que o saber é o centro da experiência na escola. A escola é um lugar onde o professor está tentando ensinar coisas para alunos que estão tentando aprendê-las. Quem teoriza a escola e esquece esse fato deixa o mais importante fora do pensamento.

Vou dar um exemplo: o da violência. Acho que nunca vamos terminar com o problema da violência na escola se não levarmos em conta também o problema do saber. Imaginemos uma situação: na sala de aula, o professor explica algo, o aluno não entende, o professor reexplica sem se tornar nervoso e reexplica com outras palavras. O aluno não entende. O professor torna a explicar e o aluno não entende. Chega-se, assim, a um momento difícil: o de saber onde está o problema. Na mente do professor, por princípio, o problema está com o aluno, mas também há dúvidas profissionais. O fracasso do aluno atinge a auto-estima do professor, sua dignidade está sob questionamento. O aluno provavelmente também pensa ser o problema, assim como pensa que o professor tem culpa, que não explicou bem, e assim vai se constituindo, aos poucos, uma situação de tensão no cotidiano escolar.

Não se pode entender nada da violência dentro da escola se não se entende o que se constrói no dia-a-dia da sala de aula. Se surgir uma faísca em uma situação em que tem pólvora, conseqüentemente, ocorrerá uma explosão. Acho, portanto, que a violência também tem a ver com a questão do saber na escola.

Jaime Giolo: Ainda sobre o do fracasso escolar. O que suas pesquisas revelam a respeito do entendimento que os alunos têm em relação ao sucesso ou insucesso escolar?

Bernard Charlot: Verificamos que a lógica dos alunos não é a lógica do "dom"; é, antes de mais nada, a lógica de estudar o suficiente ou de não estudar o suficiente. Nesse sentido, se pode distinguir quatro tipos de alunos quanto ao seu relacionamento com o estudar ou com o não estudar na escola.

O primeiro grupo compreende os alunos que não se encontram nos meios populares. O estudo se tornou para eles a segunda natureza. Eles aprenderam a ler com quatro anos e meio e nunca deixaram de estudar. Estudam sempre, inclusive nas férias e nos finais de semana. São jovens de classe média.

O segundo grupo compreende os jovens do meio popular muito bem-sucedidos na escola. Geralmente filhos de imigrantes, esses alunos demonstram uma voluntariedade forte: "Eu tirei uma boa nota, mas não é suficiente porque na próxima semana ainda vai ter outra avaliação e, mais uma vez, devo tirar mais uma boa nota." Há, aqui, uma mobilização forte, uma dedicação para o estudo.

O terceiro grupo compreende os alunos que estão completamente perdidos na escola. São os candidatos ao que chamamos de evasão escolar. Na verdade, nunca entraram na escola. Estiveram presentes fisicamente, porém nunca entram nas lógicas intelectuais, nas lógicas teóricas da escola. São alunos que nunca entenderam do que é que se trata nesse lugar que se chama escola. Sempre estão perdidos, completamente perdidos.

O quarto grupo compreende os estudantes que pensam em como ter a melhor nota estudando o menos possível. Eles não vão à escola para aprender coisas. Eles vão à escola para ter um bom emprego mais tarde e ponto final. É realismo: eu também fui à escola para ter um bom emprego mais tarde. E todos nós vamos à escola para isso. O problema é que existem alunos que não relacionam o bom emprego no futuro com a questão do saber. Eles vivem em uma lógica em que se deve sobreviver na escola, passar para a seguinte série e depois para a seguinte, etc... É o fato de passar para a seguinte série que é importante, e não o fato de saber, de aprender, porque no dia-a-dia do universo escolar o saber não faz sentido. Dizem: "Graça à escola vou ter um bom emprego, vou melhorar a minha vida, mas não gosto dela, não gosto do que se trata na escola". Eles entram na lógica da escola, não na lógica do saber. Eles se viram, eles estão sempre copiando algo, eles estudam na última semana antes da prova. E assim se explicam várias coisas.

Por exemplo, existe um fenômeno interessante na França, provavelmente aqui também, referente aos CDFs. CDF é o aluno que estuda demais, que estuda muito para tirar uma excelente nota. Os outros alunos insultam esse CDF e até batem nele. Na lógica destes alunos é normal fazer isso. Vou explicar por quê. Porque se estuda para passar para a série seguinte. Quando, em uma sala de aula, há um, dois, três alunos CDF, ainda dá certo, mas quando há cinco, seis, sete, oito alunos, as coisas se tornam muito difíceis para os outros. Porque, por exemplo, se a média para passar à série seguinte é 7, à medida que um certo número de alunos tira 9, 9,5 e 10, o professor se torna mais exigente com os demais. Nessa situação, quem tirava 7 vai ter 6 e não passará para a série seguinte. Por culpa de quem? Por culpa do CDF que não tem nenhum interesse pelo coletivo escolar. Ele passaria com 7 ou 8, por que vai tirar 10? Ele vai prejudicar todos os outros. É o operário que faz mais do que o dono está exigindo. Alguns operários fazem mais do que o necessário, recebem um pequeno prêmio, e depois o dono muda as regras. Dessa forma, todos acabam tendo a obrigação de trabalhar mais.

O aluno que quer aprender, que está trabalhando muito, que está estudando demais, prejudica todos os outros. Essa experiência é uma experiência popular. São homens dos meios populares que estão funcionando assim. Há raízes culturais para esse comportamento, e não são essas bobagens de carências culturais; é outra coisa. É um tipo de relacionamento com o mundo, é um tipo de relacionamento com os outros, é um tipo de relacionamento consigo mesmo.

Descobrimos também, e talvez esse seja mesmo o fato mais importante, que na mente do aluno, na lógica do aluno das famílias populares, quem é ativo no ato de ensino-aprendizagem é o professor. Vou explicar. No processo educacional, o que deve fazer o aluno? Ele deve ir à escola cada dia, o que já é um esforço. Ele não deve fazer bobagens demais e deve escutar o professor; sendo assim, está feita a sua parte, cumpriu sua responsabilidade. O que vai acontecer depois depende do professor. Se o professor explica bem, o aluno saberá; se o professor não explicar bem, o aluno não saberá. A responsabilidade é do professor.

Na lógica desse aluno, a escola, a aula, o processo de ensinar e aprender são fundamentalmente coisas do professor. "Não entendi nada, o que vai acontecer? Eu vou tirar uma nota ruim, o que é uma grande injustiça, uma injustiça enorme. Não é minha a culpa, eu não sei porque o professor não explicou bem. Quem vai me dar a nota ruim é ele mesmo. Uma injustiça enorme, insuportável: ele que não explica bem, ainda dá a nota ruim, não para ele, mas para mim."

Na lógica de muitos deles, o professor introduz, de uma forma quase física (material), o saber na cabeça do aluno. A cabeça do aluno é como um gravador: o professor fala, a cabeça grava. A lógica do aluno é a lógica da transmissão direta. É por isso que os alunos dos meios populares não gostam dos métodos ativos. Eles não são construtivistas; eles gostam da pedagogia que dá a certeza de que eles vão passar para a série seguinte. Quanto mais boba a pedagogia menos arriscada. Quanto mais boba a pedagogia, tanto menos o aluno corre o risco de ser reprovado. Ele gosta desta pedagogia boba. Mas quando a pedagogia é ativa, ele não gosta. Não estou dizendo que não se deve praticar uma pedagogia ativa com esses alunos. Não estou dizendo que não se deve ser construtivista. Estou dizendo que essa pedagogia ativa vai ser construída contra esses alunos. Eles estão esperando outra coisa.

Jaime Giolo: Neste momento, caberia perguntar onde foi que os alunos das classes populares buscaram os elementos para construir essa cosmovisão educacional? O que você responderia?

Bernard Charlot: Se fôssemos perguntar aos alunos das classes populares o que é ser bom aluno, eles responderiam: "um bom aluno chega à escola na hora certa e levanta o dedo antes de falar na sala de aula" e nada mais. Eles definem um bom aluno sem falar que ele aprendeu muitas coisas. O aluno dá uma definição de aluno que não inclui o saber. Não foi a família que ensinou isso. Foi a escola. Foi a escola que acabou dizendo ao aluno que o mais importante não é aprender coisas, que o mais importante é passar de ano e obedecer as regras da escola. E é na escola que se aprende isso.

Em uma pesquisa feita em uma escola maternal, com alunos de 5 anos, verificamos uma diferença entre aqueles que dizem que estão escutando a professora e aqueles que dizem que estão escutando a lição. Os que têm dificuldades, sempre estão escutando a professora; os outros escutam a lição. Os que escutam a professora, escutam um adulto dando ordens; os que escutam a lição, escutam um adulto que está falando de alguma coisa. Não é, portanto, a mesma coisa.

Em outra ocasião, pedimos para alunos de 6 e 7 anos descreverem um dia, uma semana na escola. Eles falaram da escola como se estivessem subindo e descendo escadas, vestindo e tirando casacos, enquanto a professora estava distribuindo os cadernos e escrevendo no quadro-negro. "Vocês podem falar de uma semana na escola?" "Sim. Na segunda-feira, a professora fulana de tal ensina matemática nesta sala. Depois dessa hora..." A escola se resume em uma lista de horas, de matérias, de professoras. Nada mais. Perguntados sobre o que aprenderam, os alunos falaram que aprenderam várias coisas muito importantes. Negócios, na escola se aprende negócios. Há uma enorme dificuldade de identificar conteúdos intelectuais na escola. Esse problema é muito importante. Esse problema vem das práticas da escola, não está acontecendo nas famílias.

A escola, por sua vez, tem uma possibilidade de melhorar a situação. Todavia, é claro que não estou dizendo que ela pode fazer tudo.

Jaime Giolo: Para finalizar, não já sem tempo, gostaria que dissesse duas palavras sobre o grande desafio da educação mundial perante esse fenômeno chamado globalização, que, aliás, foi tema de sua conferência no Fórum Mundial sobre Educação de Porto Alegre.

Bernard Charlot: São dois problemas: o da globalização e o da modernização. No aspecto da modernização, tenho medo de que não estejamos entrando em uma sociedade do saber, pelo contrário, talvez estejamos saindo da sociedade do saber quando nos deparamos com a sociedade da informação. Informação é saber? Não é a mesma coisa, a informação se torna um saber quando traz consigo um sentido, quando estabelece um sentido de relação com o mundo, de relação com os outros, de relação consigo mesmo... Receio que estejamos saindo da questão do saber. O outro aspecto se refere ao fato de que o saber está se tornando uma mercadoria, fenômeno da globalização. No mercado do "saber", essa evolução para uma mercadoria do saber vai tornar ainda mais forte e dura a desigualdade social frente à educação. Creio que sejam dois os desafios maiores para o futuro, e já para o presente, o saber ainda tem sentido e já é uma mercadoria. Assim, ao mesmo tempo, o saber existe para se ter um bom emprego mais tarde e conserva seu valor de uso para entender o mundo sob enfoque da diversidade.

NOTA

1. Alguns meses depois de essa entrevista ter sido feita, mudou de Cuiabá (MT) para Aracaju (SE), onde hoje está vivendo.

PARTE I
Relação com o saber

1

A problemática da relação com o saber*

A RELAÇÃO COM O SABER: QUESTÃO ANTIGA, NOÇÃO NOVA

A *questão* da relação com o saber não é nova. Poder-se-ia mesmo sustentar que ela atravessa a história da filosofia clássica, pelo menos até Hegel. Foi apresentada por Sócrates quando este disse "Conhece-te a ti mesmo"; é a questão do debate entre Platão e os sofistas; está no âmago da "dúvida metódica" de Descartes e do *cogito* que vem em seguida; está muito presente na *Fenomenologia do Espírito*, de Hegel, tanto no próprio movimento da obra (o do Espírito que toma formas objetivas e subjetivas no percurso da História) como em análises particulares (especialmente a da dialética do mestre e do escravo).[1]

A questão da relação com o saber científico também não é nova. Além de ser, em parte, tratada através da anterior, é central na obra epistemológica e histórica de Bachelard. Mesmo que ele não utilize a expressão "relação com o saber científico", é exatamente a isso que se refere quando escreve, desde 1938, em *A Formação do Espírito Científico*: "O espírito científico deve-se formar contra a natureza (...), contra o fato colorido e diverso. O espírito científico deve-se

---

*Texto publicado em CHABCHOUB, A. (dir.). *Rapport aux savoirs et apprentissage des sciences*. Tunis, ATRD, 2000. E, depois, em MAURY, S.; CAILLOT, M. (dir.). *Rapport au savoir et didactiques*. Paris, Fabert, 2003.

formar reformando-se". Os conceitos bachelardianos de "corte epistemológico" e de "obstáculo epistemológico" continuam sendo fundamentais para se pensar a relação com o saber científico. Poder-se-ia, aliás, considerar que o que faz a unidade do Bachelard epistemólogo e do Bachelard que desenvolve o que chama de "psicanálises" (do fogo, da terra, etc.) é a própria questão da relação com o saber de um sujeito envolvido em relações múltiplas no mundo.

Se *a questão* da relação com o saber não é nova, *a expressão* "relação com o saber" também não. Pode ser encontrada desde os anos 1960 e 1970 nos textos de psicanalistas, de sociólogos, bem como nos de um didático chamado Giordan. J. Beillerot, que fez um estudo sistemático sobre essa questão e destaca a expressão especialmente em Lacan (1966), J. Clavreul (em uma obra organizada por P. Aulagnier, 1967), J. Filloux (1974), P. Boumard (no título de sua tese, 1975), M. Lesne (1977), B. Charlot (1979) A. Giordan (1977).[2] A essa lista, seria preciso acrescentar ainda P. Bourdieu e J.-C. Passeron, que, em 1970, intitulam "Linguagem e relação com a linguagem" uma seção de seu livro *A reprodução* e no qual empregam as expressões "relação com a linguagem", "relação com a cultura", "relação com a linguagem e com o saber".[3] A expressão "relação com o saber" apareceu, assim, pela primeira vez entre os psicanalistas (nos anos 1960) e pela segunda vez[4] entre sociólogos da educação de inspiração crítica (nos anos 1970). Muito rapidamente, ela foi retomada pela didática, já que Giordan a utilizou desde 1977-78 para falar da atitude de possuidores que os educadores e os alunos podem ter perante o saber.[5]

Se *a questão* da relação com o saber é antiga, se *a expressão* é utilizada desde os anos 1960 e 1970, foi preciso esperar os anos 80 para que a noção de relação com o saber se desenvolvesse como organizadora de uma *problemática* e os anos 90 para que o conceito fosse realmente trabalhado, em confronto com dados. Na área da didática, o conceito só foi de fato abordado nos anos 1990, após a redação de um texto por Y. Chevallard, em 1989.[6]

Segundo J. Beillerot, a noção de relação com o saber emerge dos trabalhos de psicanalistas (Lacan, depois P. Aulagnier) e dos trabalhos de analistas de inspiração marxista dos sistemas de formação (B. Charlot, M. Lesne), com algumas raízes igualmente do lado da fenomenologia e dos formadores de adultos.[7] Segundo M. Develay, "dois autores atuais contribuíram para o esclarecimento de toda a abrangência dessa noção", B. Charlot, como sociólogo da educação, e J. Beillerot a partir dos conceitos da psicanálise.[8] Pouco importam as questões de paternidade; em compensação, é importante ter em mente que a noção de relação com o saber foi construída relativamente a partir de questões que, de um lado, se colocam os psicanalistas e, de outro, os sociólogos da educação de inspiração crítica. É por meio da compreensão dos problemas que psicanalistas e sociólogos tentam enfrentar, construindo e desenvolvendo a noção de relação com o saber, e em que medida esses problemas interessam os didáticos que se poderá apreciar a abrangência heurística interdisciplinar do conceito de relação com saber – e, portanto, compreender em que esse conceito renova as questões antigas.

A PROBLEMÁTICA PSICANALÍTICA: O SABER COMO OBJETO DE DESEJO

Para os psicanalistas, a questão-chave é aquela do saber como objeto de desejo. Como o desejo que visa ao gozo pode um dia se tornar desejo de aprender este ou aquele saber, esta ou aquela disciplina; isto é, desejo de outra coisa que não o gozo? E isso por meio de uma atividade intelectual que não é, ou de qualquer forma que não é unicamente, gozo. Lacan formula o problema da seguinte maneira: "Há uma relação primitiva do saber com o gozo, e é aí que vem se inserir o que surge no momento em que aparece o aparelho daquilo que é feito do significante".[9] Expliquemos passo a passo.

O que vem primeiro é o desejo. "O desejo é fundamental, é uma aspiração primeira", escreve Beillerot.[10]

O desejo visa ao prazer, ao gozo, e não a um objeto determinado. Certamente o desejo não pode levar ao gozo senão através de um objeto e, nesse sentido, todo desejo é "desejo de"; mas é o gozo que é visado, e não o objeto que permite que ele aconteça. "O desejo, em sua essência, é em si desprovido de objetivos e de objetos determinados."

Assim, já que todo desejo é "desejo de", a noção de desejo de saber não apresenta dificuldades. Porém, nesse desejo de saber, "não é ao saber que é visado como objeto de satisfação", continua sendo o gozo (o gozo de si mesmo, o gozo do outro, o gozo do domínio do outro). "O desejo de saber não tem nenhuma relação com o saber", esclarece J. Beillerot, evocando Lacan. "O desejo de saber pode ser considerado como um dado, mas o fato de o objeto do desejo tornar-se o saber não é nada evidente. O desejo de saber deve eleger o saber, um saber, este ou aquele saber, ou então eleger outros objetos como substituto do saber. Como o desejo de saber elege este ou aquele objeto em saber? As relações que o sujeito estabelece com a eleição de seus objetos – relação defensiva, de júbilo, explícita, oculta, submissa, etc. – são questões que ainda continuam em aberto."

A questão é compreender, portanto, como se passa do desejo de saber (como busca de gozo) à vontade de saber, ao desejo de aprender, e, além disso, ao desejo de aprender e saber isso ou aquilo. "Compreender o desejo é compreender os avatares e as mutações do desejo até os atos e as obras que saem dele". O pesquisador se interessará, então, pela construção da personalidade psicofamiliar e por sua manutenção (ou por sua não-manutenção) no espaço escolar. Mas a base dessa construção ainda é o desejo, o que a psicanálise chama de "a relação do objeto primitivo". A partir daí, J. Beillerot conclui: "Todo estudo que tomar a relação com o saber como noção central não poderá libertar-se da base psicanalítica; não que isso impeça outras abordagens, mas é a partir da teorização da relação de objeto, do desejo e do desejo de saber, depois da inscrição social destes em relações (que vinculam o psicológico ao social) que será possível assumir o risco de trabalhar com essa noção e de desenvolvê-la; um desenvolvimento que não deverá esquecer algo essencial, sob pena de fazê-la perder seu sentido: só há sentido do desejo".

Só há sentido do desejo. Isso é efetivamente o essencial, quaisquer que sejam as relações que se estabeleçam com a psicanálise ou com uma ou outra forma da psicanálise, e esse ponto pode ser considerado um dos fundamentos de qualquer teoria que mobilize o conceito de relação com o saber. O que, no ato de aprender, no saber visado por esse ato, provoca desejo, produz desejo (do gozo obtido através de uma série de mediações), faz sentido (faz sentido para um sujeito, isto é, satisfaz desejo e produz prazer)? Portanto, também: por que, às vezes, o desejo de saber, desse saber, não se manifesta, por que o sujeito não encontra nele nenhum prazer, nenhum sentido? E mesmo: por que o sujeito manifesta o desejo de não aprender, de não saber – no sentido pleno das palavras, ou seja, distinguindo a ausência do desejo de saber e o desejo de não saber?[11] Deve ficar claro que o sujeito do qual tratamos aqui tem uma história e vive em um mundo humano, isto é, tem acesso à ordem do simbólico, à da lei e à da linguagem, constrói-se através dos processos de identificação e de desidentificação com o outro e tem uma atividade no mundo e sobre o mundo. Para esse sujeito, a questão do desejo e do prazer não se confunde com a do gozo imediato, pontual, lúdico, das situações, em um mundo sem exigências. O sujeito se constrói pela apropriação de um patrimônio humano, pela mediação do outro, e a história do sujeito é também a das formas de atividade e de tipos de objetos suscetíveis de satisfazerem o desejo, de produzirem prazer, de fazerem sentido.

A PROBLEMÁTICA SOCIOLÓGICA: DO SOCIAL COMO POSIÇÃO AO SOCIAL COMO POSIÇÃO, HISTÓRIA E ATIVIDADE

Desde 1970, em *A Reprodução*, P. Bourdieu e J.-C. Passeron abordam a questão da relação do homem com a cultura e com a linguagem. Eles escrevem: "Para se estabelecer de maneira diferente que a relação com a linguagem e com a cultura – essa soma infinita de diferenças infinitesimais nas maneiras de fazer ou de dizer, que parece a expressão mais perfeita da autonomia do sistema escolar e da tradição letrada –, resume de uma certa forma o conjunto de relações que unem esse sistema à estrutura das relações de classe; basta imaginar todas as condições que a instauração de uma outra relação com a linguagem no conjunto das práticas escolares pressupõe objetivamente" (p. 160). A pista está aí; mas ela acaba em um impasse... Avancemos nesse raciocínio.

Em primeiro lugar, é a relação com a linguagem, com a cultura, com o saber que estabelece vínculo entre o sistema escolar e a estrutura das relações de classe.[12] Em outras palavras: se se quer compreender a desigualdade social perante a escola, é preciso se interessar por essa relação.

Em segundo lugar, poder-se-ia concluir que a escola pode reduzir a desigualdade social em relação ao sucesso escolar trabalhando no sentido de transformar a relação com a linguagem, com a cultura e com o saber. Essa conclusão é considerada por Bourdieu e Passeron, que, nas linhas seguintes, desenvolvem reflexões sobre uma "pedagogia explícita", isto é, "um ensino que seria orientado pela intenção expressa de reduzir ao mínimo o mal-entendido sobre o código por uma explicitação contínua e metódica".

Porém, em terceiro lugar, uma transformação das práticas pedagógicas pressupõe condições objetivas: "somente um sistema escolar que sirva a um outro sistema de funções externas e, correlativamente, a um outro estado da relação de força entre as classes poderia tornar possível tal ação pedagógica". Dito de outro modo, a idéia de reduzir a desigualdade social na escola através de uma "pedagogia explícita" esbarra na necessidade de transformar as próprias relações sociais para que se torne possível uma escola que pratique uma pedagogia explícita. Com isso, não se vê como sair do mecanismo da reprodução no âmbito escolar tal como a escola está na sociedade atual. O tema da pedagogia explícita não é retomado nas obras posteriores de P. Bourdieu, e a pista da relação com o saber não é, portanto, seguida.

Não é, provavelmente, por acaso que a questão da relação com o saber é retomada por formadores e por pesquisadores em ciências da educação.[13] Confrontados com o ato pedagógico, com a própria atividade, e não apenas com suas condições de possibilidade, vão se interessar por "essa soma infinita de diferenças infinitesimais nas maneiras de fazer ou de dizer", que, segundo Bourdieu e Passeron, define a relação com o saber.

É da correlação entre "origem social" e "sucesso escolar"[14] e dos trabalhos de Bourdieu que eu mesmo e a equipe Escol (Education, Socialisation et Collectivités Locales, principalmente Elisabeth Bautier e Jean-Yves Rochex) partimos para refletir sobre a questão da relação com o saber, mais particularmente nas "periferias". Essa correlação é inegável, constituindo realmente uma das aquisições mais sólidas da sociologia da educação. Todo o problema, porém, reside em saber como se pode dar conta disso. Em outras palavras, como, no âmbito escolar, *se produz* a reprodução?

Os militantes falam, às vezes, da reprodução como se se tratasse de uma força subterrânea que produz o fracasso na escola – o que tem a ver mais com a virtude dormitiva do ópio satirizado por Molière do que com o rigor da análise. Os meios pedagógicos evocam sobretudo "deficiências socioculturais", mas isso leva a interpretar a desigualdade social e as dificuldades escolares em termos de faltas e a postular uma causalidade da falta.[15]

Bourdieu resolve o problema de uma forma muito mais sólida através dos conceitos de *habitus* e de capital cultural (bases da "relação com a cultura").

O *habitus* é um conjunto de disposições psíquicas socialmente construídas que funciona como matriz das representações e das práticas do indivíduo. Ora, o sucesso escolar supõe representações e práticas que correspondem ao *habitus* dos dominantes, e não ao dos dominados. O conceito de *habitus* apresenta evidentemente um interesse – e vai ao encontro daquele de quadros (*frames*), proposto por B. Bernstein. Os trabalhos empíricos, especialmente os de nossa equipe, confirmam a importância das formas de ordenamento e de categorização do mundo e confirmam igualmente que essas formas não são as mesmas em todos os meios sociais. A teoria do *habitus*, no entanto, depara-se com duas dificuldades maiores, aliás, relacionadas: por um lado, deve-se compreender como se constroem essas disposições psíquicas socialmente estruturadas, isto é, explicar o próprio *habitus*; e por outro, é preciso compreender por que apesar de tudo, certas crianças dos meios dominados obtêm sucesso na escola e por que certas crianças de famílias dominantes fracassam nesse ambiente. Pode-se sustentar, evidentemente, a hipótese de uma variabilidade do *habitus* que reflita a complexidade do social, mas não se pode mais, então, parar em uma análise em termos puramente de categorias socioprofissionais, torna-se obrigatório levar em conta a história dos indivíduos.[16] As duas objeções levam à mesma conclusão: não se pode realizar apenas uma análise em termos de posições sociais; é necessário considerar também a história do sujeito, a de sua construção e a de suas transformações.

O conceito de capital cultural e simbólico também apresenta dificuldades. Ele retoma a metáfora da herança e da reprodução, ou seja, assim como a criança herda um capital econômico que a permite reproduzir a posição social da família de uma geração à outra, ela herdaria um capital cultural que a permitiria reproduzir essa mesma posição através da escola e da hierarquia dos diplomas. O problema é que essa metáfora não é, na verdade, muito pertinente: não se herda um capital cultural da mesma forma como se herda um capital financeiro ou imobiliário. Por um lado, os pais não legam esse "capital" cultural, ao contrário, eles têm muito trabalho para construir a relação com a cultura de seus filhos, como se vê com a correção da linguagem, com a verificação dos deveres, com as aulas particulares, com as viagens, com as visitas a museus, com a corrida infernal entre o curso de balé e o de tênis, por exemplo, etc. Por outro lado, essas mesmas crianças da classe dominante sabem que não basta esperar "a herança" cultural para vencer na escola, é preciso estudar, e estudar muito. Em suma, não se pode contar apenas com uma análise da sociedade em termos de posições sociais, é preciso analisar também as atividades que os indivíduos desenvolvem nela para conquistar, para manter, para "transmitir" essas posições e é preciso considerar também outras perspectivas do que simplesmente a de sua posição social.

É preciso levar em consideração o sujeito na singularidade de sua história e as atividades que ele realiza – sem esquecer, no entanto, que essa história e essas atividades se desenvolvem em um mundo social, estruturado por processos de dominação: essas são as bases sobre as quais a equipe Escol construiu sua problemática de pesquisa acerca da relação com o saber. O indivíduo não se define somente por sua posição social ou pela de seus pais; ele tem uma história; passa por experiências; interpreta essa história e essa experiência; dá sentido (consciente ou inconscientemente) ao mundo, aos outros e a si mesmo. Em resumo, é um sujeito indissociavelmente social e singular. E é como tal que se deve estudar sua relação com o saber.

Por outro lado, esse sujeito exerce atividades no mundo e sobre o mundo, persegue objetivos nele, realiza ações nele. É evidente que essas atividades estão relacionadas com a posição social que o indivíduo ocupa, mas essa posição não basta para dar conta dele. Essa atividade é conduzida por móbiles que devem ser compreendidos (onde se encontra a questão do desejo, mas também outras questões postas pela psicanálise, como a das identificações e desidentificações).[17] Essa atividade busca produzir resultados, e a forma que adquire depende também do que é necessário para atingir os objetivos visados. Em outras palavras, há uma normatividade da atividade: entrar em um raciocínio matemático, compreender um fato histórico, escrever poesia e aprender a nadar não é, não pode ser, fazer a mesma coisa. Essa *normatividade* da atividade não deve ser confundida com sua *normatização* social – que existe igualmente. Em suma, não se vai à escola somente para se preparar para ocupar uma posição social; vai-se à escola também para aprender. E é dessa forma que se deve estudar a relação com saber. O pesquisador, porém, é levado a considerar a especificidade dos saberes e das atividades: para além da relação com o saber, as relações com os saberes.[18]

Essa problemática acarreta, evidentemente, conseqüências epistemológicas e metodológicas. A sociologia das posições é essencialmente uma sociologia das diferenças de posições e, de maneira muito lógica, recorre prioritariamente ao instrumento estatístico, que permite estabelecer e medir tais diferenças. As pesquisas sobre a relação com o saber não podem ficar apenas nas diferenças (mesmo que estas continuem sendo interessantes em termos heurísticos). Elas buscam compreender como o sujeito categoriza, organiza seu mundo, como ele dá sentido à sua experiência e especialmente à sua experiência escolar. A uma "leitura negativa", que interpreta as situações e as práticas em termos de faltas, nossas pesquisas opõem uma "leitura positiva", que tenta identificar e conceitualizar os processos através dos quais essas situações e práticas se constroem. Do ponto de vista metodológico, isso implica a coleta e a análise de dados que levem em conta o sentido que o sujeito confere à sua história e a suas atividades: "balanços de saber", entrevistas aprofundadas que apresentem uma dimensão clínica, análise de trabalhos escolares, análise das práticas linguageiras expressas nesses dados textuais, observações, etc.

A RELAÇÃO COM O SABER: UMA QUESTÃO PARA A DIDÁTICA?

Realizar pesquisas sobre a relação com o saber é buscar compreender como o sujeito apreende o mundo e, com isso, como se constrói e transforma a si próprio: um sujeito indissociavelmente humano, social e singular.

Essas pesquisas podem estar situadas em vários níveis e tomar diversas formas. Pode-se tratar de uma reflexão antropológica sobre o homem confrontado com o saber e, mais amplamente, com a necessidade de aprender. As pesquisas sobre a relação com o saber apresentam, de fato, problemas de antropologia filosófica. O que está em causa, como vimos, é a natureza do desejo no homem, é o fato de que o sujeito humano é indissociavelmente social e singular, é, de uma forma mais geral, a questão da humana condição.[19] Pode-se, a partir dessa perspectiva antropológica, ampliar a questão da relação com o saber àquela da "relação com o aprender". Nascido de maneira inacabada (neotênico), o filhote do homem torna-se humano somente ao se apropriar de uma parte do patrimônio que a espécie humana construiu ao longo de sua história. Ora, esse patrimônio se apresenta sob a forma de saberes (objetos intelectuais, cujo modo de ser é a linguagem), mas também de instrumentos, de práticas, de sentimentos, de formas de relações, etc., que devem ser aprendidas igualmente.

As pesquisas sobre a relação com o saber podem também estar centradas na questão da desigualdade social.[20] Elas procuram, então, identificar e conceitualizar os processos pelos quais se constroem relações (com o saber, com a linguagem, com a escola, com o aprender, etc.) que não têm uma mesma freqüência nas diferentes classes sociais, mas que, no entanto, são aquelas que um sujeito singular cria com o saber, com a linguagem, etc., de modo que tais relações não conseguem nunca serem deduzidas somente da posição social de um sujeito (e ainda menos somente da posição social de seu pai). As pesquisas sobre a relação com o saber podem também se interessar pela questão da diferença cultural. Aqui ainda, porém, é preciso apreender essa diferença na forma que ela adquire em um sujeito, através do que ele faz disso, e não reduzi-la a um confronto entre sistemas simbólicos projetado depois de maneira mecânica ("interiorizada") nos sujeitos. Que se trate de desigualdade social ou de diferença cultural, essas pesquisas se deparam com a questão antropológica uma vez que acabam se questionando sobre a relação do sujeito humano com o mundo, com os outros e consigo mesmo.

As pesquisas sobre a relação com o saber podem focalizar igualmente, em uma perspectiva mais psicológica ou psicanalítica, a construção do próprio sujeito. De fato, de maneira estrita, o sujeito *não tem* uma relação com o saber, ele *é* relação com o saber. Estudar a relação com o saber é estudar o próprio sujeito enquanto se constrói por apropriação do mundo – portanto, também como sujeito aprendiz. Deve ficar claro aqui que seguimos na perspectiva das ciências humanas, a perspectiva de um sujeito tomado como relações e processos, e não como entidade que sempre vai além do que se pode dizer dela. Tais pesquisas privilegiam o ponto de vista da singularidade, mas cruzam-se, de forma inevitável, com aquelas mencionadas anteriormente, na medida em que o sujeito é também humano e social.

As pesquisas sobre a relação com o saber podem, da mesma forma, se definir relativamente aos próprios saberes (ou às atividades, formas relacionais, etc., que o sujeito deve aprender a dominar). Como entrar em tal disciplina, dominar tal forma de pensamento, de atividade ou de relação, compreender tal conceito, etc.? São as relações com os saberes (ou com os "aprenderes") que são privilegiadas pela pesquisa, as relações com saberes considerados em suas especificidades epistemológicas, cognitivas e didáticas. Tais pesquisas poderiam ser preciosas para aprofundar a questão da relação com o saber. De fato, se os princípios da especificidade dos objetos de saber e da normatividade das atividades que permitem a um sujeito apropriar-se deles foram postos, as pesquisas até agora não avançaram muito.

Por outro lado, pode-se perguntar o contrário: em que a perspectiva da relação com saber pode contribuir para a didática?

Em 1989, Y. Chevallard, chamando a atenção para o conceito da relação com o saber, escreveu:

> A expressão "relação com o saber", que serve de emblema à nova conceitualização considerada, é, em um determinado sentido, enganosa: ela não designa um acréscimo ou uma "correção" no mundo já superpovoado das noções pelas quais se descreve habitualmente o cognitivo e suas extensões ("afetivas", por exemplo). Em outras palavras, não se trata, ao introduzir esse conceito, de aumentar simplesmente o repertório dos conceitos envolvidos hoje em dia na didática das matemáticas, mas de reformular os termos primitivos da teoria – um certo número de termos antigos, tais como aprender e saber (como verbo), por exemplo, que se tornam com isso termos derivados.
>
> Vale frisar, especialmente, que o conceito de relação com o saber não abre um novo setor a ser explorado, não inaugura uma nova especialidade no campo da didática, à qual pudesse corresponder uma literatura especializada. Ele permite reformular e reproblematizar inúmeras questões já trabalhadas (ou, no caso de algumas, não trabalhadas, por serem vistas até então como transparentes) e suscita, além disso, questões até agora inéditas, uma vez que não eram formuláveis na conceitualização antiga.[21]

Eu não sou didata e permanecerei, portanto, prudente a respeito dessa questão. Gostaria de dizer, porém, que compartilho desse ponto de vista. O conceito de relação com o saber não é um conceito a ser acrescentado aos outros conceitos forjados pela didática (transposição didática, práticas de referência, contrato didático, entre outros), mas um conceito que permite lançar um outro olhar sobre as situações didáticas. Nesse sentido, gostaria de submeter à reflexão dos didatas duas proposições, aliás, estreitamente ligadas.

Em primeiro lugar, não há saber senão em uma relação com o saber.[22] A questão da relação com o saber não acrescenta a esta do saber; é uma questão que interpela a própria concepção do saber. Dito de outra maneira: não se pode pensar o saber (ou o "aprender") sem pensar ao mesmo tempo o tipo de relação que se supõe para construir esse saber ou para alcançá-lo.

Em segundo, o *eu* epistêmico[23] (isto é, o sujeito como puro sujeito de saber, distinto do eu empírico) não é dado; ele é construído e conquistado. As pesquisas da Escol mostraram que o objeto de saber (como objeto descontextualizado, visto a distância, objetivado) se constitui correlativamente ao sujeito epistêmico. Mostraram também que a dificuldade em distinguir o *eu* epistêmico e o *eu* empírico está, freqüentemente, no centro dos problemas que os jovens de meios populares enfrentam na escola. Pode-se formular a hipótese de que esses jovens são tomados em um conflito entre formas heterogêneas do aprender, conflito que expressam opondo "aprender na escola" a "aprender na vida" – portanto, também conflito entre "vencer na escola" para "se dar bem na vida" mais tarde e dominar as formas e dispositivos relacionais que permitem continuar vivendo no presente.[24]

Nessas condições, considerar o *eu* epistêmico como já adquirido (como a didática talvez tente, às vezes, fazer...) é produzir conhecimentos que, evidentemente, são pertinentes do ponto de vista didático, mas que apresentam pouco proveito nas situações "concretas" de aula (contextualizadas), onde a questão central é, precisamente, levar o aluno a adotar a postura do *eu* epistêmico. Poder-se-ia, por certo, reservar à didática as pesquisas nas quais o *eu* epistêmico já aparece como constituído. No entanto, isso nos privaria daquilo com que a didática pode contribuir para uma compreensão da relação com o saber. De fato, a constituição do *eu* epistêmico não é somente uma condição da situação didática, é também um de seus efeitos: é também através do confronto com objetos do saber que o aluno consegue dissociar o *eu* empírico (relacionado à experiência e a questões como as do bem e do mal, do permitido e do proibido) do sujeito do saber (que inscreve sua atividade em uma abordagem de verdade, de objetividade, de universalidade).[25]

E seria também privar a própria didática de questões das quais ela parece ter necessidade em desenvolver, já que as encontrou em outras formas e com outros nomes. A "transposição didática" de um saber erudito em saber escolar pode, com efeito, ser (também) interpretada como uma tradução que permite ao aluno constituir-se em *eu* epistêmico – mas outras formas de aprender, que impliquem outras posturas do *eu*, exigem que se raciocine, às vezes, mais em termos de "práticas de referência". Talvez se pudesse interpretar igualmente o "contrato didático" como o estabelecimento das relações com o mundo, com os outros e consigo mesmo que permitem ter acesso a certas formas de saber.[26]

Questões antropológicas, questões sociológicas, questões psicológicas, questões didáticas e talvez outras ainda... Não é demais? O que há em comum a todas essas questões? Ao querer-se "ponto de encontro", a problemática da relação com o saber não corre o risco de se tornar "leva-tudo"? Esse risco é real. Para se prevenir, é preciso, acredito, adotar, a título de segurança, dois princípios.

Primeiro, trata-se de uma problemática que apresenta questões, e não de um conceito que traga respostas. Começa-se a ouvir, em certos estabelecimentos escolares, que se determinado aluno está indo mal é devido à sua relação com o saber... Há um risco crescente de que a noção de relação com o saber funcione como uma forma modernizada da noção de deficiência sociocultural. "Relação com o saber" é uma questão. A resposta supõe que se enunciem os processos (articulados), as operações, as relações, etc., que dão conteúdo à expressão "relação com o saber".

Segundo, como conjunto de questões, a problemática da relação com o saber remete a uma certa concepção do sujeito (que deve ser o horizonte de qualquer pesquisa sobre a relação com o saber, qualquer que seja a entrada disciplinar adotada, mesmo que, evidentemente, esta ou aquela entrada volte-se mais para esta ou aquela dimensão do sujeito). O sujeito é indissociavelmente humano, social e singular. O sujeito está vinculado a uma história, na qual é, ao mesmo tempo, portador de desejo e confrontado com o "já aí" (o patrimônio humano do qual deve apropriar-se de uma parte). O sujeito interpreta o mundo, dá sentido ao mundo, aos outros e a si mesmo (de modo que toda relação com o saber é também relação com o mundo, com os outros e consigo mesmo). É o sujeito que aprende (ninguém pode fazê-lo em seu lugar), mas ele só pode aprender pela mediação do outro (frente a frente ou indiretamente) e participando de uma atividade. Essa atividade e o objeto sobre o qual ela diz respeito apresentam especificidades que devem ser levadas em conta para compreender a relação com o saber e ainda mais para compreender as relações com os saberes.

Isso é o essencial, parece-me, mais do que uma definição exata. Se uma definição é realmente imprescindível, pode-se construir várias, a partir da rede conceitual que acaba de ser apresentada. Elas se situarão entre dois pólos: um antropológico, o outro evidenciando sobretudo, por acúmulo, objetos de pesquisa. Retomarei, portanto, para concluir, duas das definições que propus em 1997:[27]

> A relação com o saber é a relação com o mundo, com o outro e consigo mesmo de um sujeito confrontado com a necessidade de aprender.
>
> A relação com o saber é o conjunto das relações que um sujeito estabelece com um objeto, um "conteúdo de pensamento", uma atividade, uma relação interpessoal, um lugar, uma pessoa, uma situação, uma ocasião, uma obrigação, etc., relacionados de alguma forma ao aprender e ao saber – conseqüentemente, é também relação com a linguagem, relação com o tempo, relação com a atividade no mundo e sobre o mundo, relação com os outros e relação consigo mesmo, como mais ou menos capaz de aprender tal coisa, em tal situação.

NOTAS

1. Vale lembrar que Lacan, que é um dos "pais" da noção da relação com o saber, foi um grande leitor de Hegel. A referência feita a Hegel é, aliás, às vezes transparente, quando Lacan fala de relação com o saber. Assim, se o gozo do falo dominava o mestre, "Como o mestre estabeleceria essa relação com o saber – a relação que o escravo mantém com o saber – cujo beneficiário é a indução do mais-de-gozar? O mestre só pode dominá-lo se excluir esse gozo" (J. Lacan, *Le Séminaire, Livre XVII. L'envers de la psychanalyse*, 1969-1970, Paris, Seuil, 1991, p. 110. Devo a localização dessa citação a J. Beillerot, *Le Rapport au savoir, Recueil de fiches d'emplois contextualisés de la notion de « Rapport au savoir »*, Universidade de Paris X, Nanterre, Departamento de Ciências da Educação, dezembro de 1992).
2. Cf. J. Beillerot. *Savoir et Rapport au savoir*. Bibliographie (Université Paris X, déc. 1992) e *Le Rapport au savoir, Recueil de fiches d'emplois contextualisés*, op. cit.

3. Foi apenas recentemente, relendo *A reprodução*, que descobri que Bourdieu e Passeron utilizam essas expressões. Com um espanto constrangedor, na medida em que foi minha insatisfação em relação a essa teoria da reprodução que me levou a trabalhar acerca de uma teoria da relação com o saber... Do mesmo modo, J. Beillerot, em *Recueil de fiches d'emplois contextualisés*, cita Bourdieu somente uma única vez, fazendo referência a seu livro de 1989, *La Noblesse d'État*, sem ter percebido que a expressão de "relação com o saber" já está em *A Reprodução*. É interessante que tenhamos "esquecido", ambos, que esse livro fundamental já utiliza a expressão "relação com o saber"... Voltarei a essa questão.
4. Suponho uma dupla origem: de um lado, porque nada indica que a expressão tenha sido importada de uma área à outra, de outro, porque ela foi forjada em problemáticas completamente distintas.
5. A. Giordan. Pour une éducation scientifique: changer le rapport de l'élève au savoir. *Raison présente*, nº 41, 1977; e *Quelle éducation scientifique pour quelle société?*, PUF, 1978.
6. Y. Chevallard. *Le concept de rapport au savoir. Rapport personnel, rapport institutionnel, rapport officiel*, IREM d'Aix-Marseille, 1989.
7. J. Beillerot, *Savoir et rapport au savoir. Élaborations théoriques et cliniques,* Presses universitaires, 1989. No que me diz respeito, trabalho essa questão em textos de 1977 e de 1978 (dedicados, especialmente, às matemáticas), mas não creio ter utilizado a expressão antes de 1979, em *L'école aux enchères* (Payot, em colaboração com M. Figeat). Comecei a me interessar pelas expressões "relação com a linguagem" e "relação com o saber" através de um texto de N. Bisseret (Classes sociales et langages: au-delà de la problématique privilège/handicap, in: *L'Homme et la Société*, nº 37-38, 1975). Essa questão ganha cada vez mais importância em meus trabalhos, a ponto de intitular *Du Rapport social au savoir* minha nota de defesa de tese de Estado com base em obras, em 1985, e de, em 1987, fundar a equipe Escol, a partir de um programa de pesquisa sobre a relação com o saber. Entre 1979 e 1987, passei da questão da relação social com o saber (problemática ainda muito ancorada na sociologia) à da relação com o saber, sem adjetivo (problemática que permite articular diversas abordagens disciplinares).
8. M. Develay, *Donner du sens à l'école*, ESF, 1996.
9. J. Lacan, *Le Séminaire Livre XVII*, op. cit.
10. J. Beillerot, in.: J. Beillerot, C. Blanchard-Laville et N. Mosconi (dir.), *Pour une clinique du rapport au savoir*, L'Harmattan, 1996. As citações seguintes provêm do mesmo texto.
11. Cf. a questão do "proibido de saber", J.P. Bigeault e D. Agostini, *Violence et savoir. L'intervention éducative et les "savoirs interdicteurs"*, L'Harmattan, 1996. "Se, de fato, a psicanálise nos ensinou alguma coisa, é que não basta que um saber seja um saber para que seja transmitido, nem que seja transmitido para que seja um saber."
12. Ocultando esse vínculo e considerando que a escola funciona em uma lógica cultural desconectada da dominação social. Encontra-se aí a teoria da autonomia relativa, que é um dos pontos de base do pensamento de P. Bourdieu.
13. Na medida em que penso ter desempenhado um papel significativo no trabalho sociológico sobre a noção de relação com o saber, permito-me observar que, antes de ser professor de ciências da educação, fui, durante 14 anos, formador de professores das séries iniciais do ensino fundamental em uma Escola Normal e em um Centro de Formação de PEGC (professores de 5ª à 8ª série), e que minha formação de base é a filosofia, e não a sociologia. Meu confronto freqüente com práticas pedagógicas mais ou menos eficazes, e mais ou menos eficazes com este ou aquele tipo de criança, ajudou-me, certamente, a conceber o social como conjunto de atividades, e não somente como sistema de posições.
14. Fórmula que já é, aliás, uma interpretação do que a pesquisa estabelece. Cf. B. Charlot, *Da relação com o saber: elementos para uma teoria*, Porto Alegre: Artmed, 2000.
15. Cf. B. Charlot, op. cit.
16. Além disso, se introduzimos a hipótese da variabilidade do *habitus*, é difícil afastar a de uma eficácia da ação pedagógica, inclusive na escola da sociedade atual.
17. Desde o momento em que se coloca a questão do sentido e a dos móbiles da atividade e, mais geralmente, desde o momento em que se reintroduz o sujeito, depara-se inevitavelmente com os trabalhos da psicanálise

– e a equipe Escol, sobretudo J.-Y. Rochex, recorre aos conceitos da psicanálise. Porém, a importância que atribuímos à questão da atividade (trabalhada a partir de Vigotski, Leontiev, Wallon, Canguilhem, etc.) e à do saber (como saber já presente no mundo humano, inicialmente externo à criança, e não *somente* como objeto eleito pelo desejo) introduz uma diferença maior entre nossas pesquisas e as da equipe de J. Beillerot, ancorada em uma perspectiva psicanalítica.

18. Distinguimo-nos em vários pontos das pesquisas realizadas por F. Dubet, mas é nesta questão do saber que nossa diferença se revela, provavelmente, mais radical. Não pensamos ser possível construir uma sociologia da escola e da experiência escolar se não atribuímos um lugar importante, e sem dúvida mesmo central, ao confronto do aluno com o saber.
19. Sobre esse ponto, cf. B. Charlot, *Da relação com o saber: elementos para uma teoria*, Porto Alegre: Artmed, 2000. Lembremos que essa questão antropológica é abordada igualmente por Lacan.
20. Essa questão é central nas pesquisas realizadas pela Escol. Entretanto, poderia considerar-se outras abordagens de tipo sociológico, questionar especialmente os processos de tipo institucional ou organizacional que contribuem para a construção das relações com o saber, com a cultura, com a linguagem, etc.
21. Y. Chevallard, op. cit.
22. Cf. B. Charlot, *Da relação com o saber: elementos para uma teoria*, Porto Alegre: Artmed, 2000.
23. Por "*eu* epistêmico" compreendo, evidentemente, uma postura do *eu* (portanto, também uma certa relação com o mundo, com os outros e consigo mesmo), e não uma natureza do *eu*.
24. Notar-se-á que se trata aí "de uma leitura positiva", que não dá conta do fracasso em termos de faltas, mas em termos de contradições entre processos – mesmo que, obviamente, essa contradição provoque lacunas escolares que podem ser destacadas igualmente.
25. Cf. É. Bautier et J.-Y. Rochex, *L'expérience scolaire des nouveaux lycéens*, Armand Colin, 1998 ; e B. Charlot, *Le Rapport au savoir en milieu populaire*, Anthropos, 1999.
26. Notar-se-á que os três conceitos didáticos que acabo de citar utilizam, ao menos implicitamente, a idéia de que não há saber a não ser em uma relação com o saber.
27. Cf. B. Charlot, *Da relação com o saber: elementos para uma teoria*, Porto Alegre: Artmed, 2000.

2

O sujeito e a relação com o saber*

Vou falar sobre as pesquisas que minha equipe e eu fazemos, há 12 anos, sobre a questão da relação com o saber. Tais pesquisas partem de uma questão sociológica: a desigualdade social frente à escola – eu mesmo sou mais sociólogo. Para aprofundar essa questão, parece necessário levar em conta o sujeito e ultrapassar as fronteiras tradicionais entre a Sociologia e a Psicologia.

POR QUE UM SOCIÓLOGO DA EDUCAÇÃO É LEVADO A COLOCAR A QUESTÃO DO SUJEITO

Por que é necessário levar em conta o sujeito? Porque a posição que uma criança ocupa na sociedade ou, mais exatamente, a posição que seus pais ocupam *não determina diretamente* seu sucesso ou fracasso escolar. Ela produz efeitos *indiretos, e não determinantes*, através da história do sujeito. Para compreender isso, seria necessário empreender uma análise crítica das sociologias

---

*Essa conferência foi ministrada em novembro de 2001 no Congresso anual sobre Educação do Estado de São Paulo, em Águas de Lindóia. Foi publicada em *Formação de educadores: Desafios e perspectivas* (org. Raquel Lazzari Leite Barbosa), Editora UNESP, São Paulo, 2003. Tradução de Vicente Emídio Alves.

da reprodução que se desenvolveram nas décadas 1960 e 1970. Como não é adequado fazê-lo aqui, me contentarei com três destaques.

1. Há, com certeza, correlação estatística entre a origem social da criança e seu sucesso ou fracasso escolar. Não se pode negar essa correlação estabelecida pelos sociólogos. Correlação, porém, não significa determinismo causal. É suficiente apontar uma prova empírica: apesar dessa correlação, algumas crianças do meio popular têm sucesso na escola e algumas crianças da classe média fracassam. Portanto, não basta conhecer a posição social dos pais para compreender a história escolar das crianças.
2. É preciso distinguir a posição social *objetiva* e a posição social *subjetiva*. A posição objetiva é aquela que o sociólogo identifica do exterior, classificando os pais por uma escala de categorias sociais. A posição subjetiva é aquela que a criança ocupa em sua mente, em seu pensamento. A criança, de fato, interpreta sua posição social. Assim, há modos de ser filho de um operário, de imigrante, ou criança negra: pode-se ter vergonha, orgulho, resolver mostrar aos outros que se tem o mesmo valor que eles, querer vingar-se da sociedade, etc. Por serem sujeitos, as crianças produzem uma interpretação de sua posição social, do que lhes acontece na escola, enfim elas produzem sentido do mundo. A sociedade não é somente um conjunto de posições, é também o lugar de produção de sentido e não se pode compreender esta produção de sentido a não ser em referência a um sujeito.
3. A sociedade é também um lugar de atividades. A criança tem uma atividade no mundo e sobre o mundo, na escola e fora da escola. Não se pode compreender a história escolar, se não se levar em conta o que ela faz na escola. Ora, colocar a questão da atividade é, como mostraram Vigotski e Leontiev, colocar a questão dos motivos dessa atividade e, portanto, também a questão do desejo e a da eficácia dessa atividade.

Portanto, a criança do meio popular, ao mesmo tempo, ocupa uma posição social dominada e é um sujeito, um ser de desejo, que fala, que interpreta o que lhe acontece, que age de modo mais ou menos eficaz, que tem uma história pessoal incluída nas histórias mais amplas (da família, da comunidade, da sociedade, da espécie humana). Se se quer compreender o que ocorre na escola, quais as relações de uma criança com o saber e o fato de aprender, é preciso levar em consideração sua posição social e o fato de que é um sujeito. Os sociólogos, mais freqüentemente, esquecem o sujeito. Os psicólogos, por sua parte, esquecem freqüentemente que o sujeito ocupa um lugar na sociedade. O sociólogo nos explica por que as crianças do meio popular fracassam, mas não por que algumas têm sucesso. O psicólogo põe em evidência, conforme sua orientação, dificuldades cognitivas, afetivas, de identificação, mas não nos explica por que essas dificuldades aparecem mais freqüentemente em certas classes sociais do que em outras. O pesquisador em educação não pode se restringir nem à Sociologia, nem à Psicologia porque não pode ignorar a singularidade de cada aluno nem as diferenças sociais entre esses alunos. Os alunos, como todo ser humano, são indivíduos singulares e, como todo ser humano, são membros de uma sociedade. Todo ser humano é indissociavelmente social e singular e não há nenhum sentido em se perguntar qual a parte do social e a parte do singular. Eu sou 100% social (senão, não seria um ser humano) e 100% singular (porque não há dois seres humanos semelhantes) e o total ainda é 100% e não 200%. Em termos mais científicos, as relações entre social e singular são multiplicativas, e não aditivas. O que é preciso compreender é a forma social de ser singular e a forma singular de ser social.

É sobre essa base que temos trabalhado, eu e a equipe de pesquisa que criei. Temos feito um trabalho empírico, de análise de dados e de aprofundamento teórico, que apresentarei a seguir.

ALGUNS RESULTADOS DAS PESQUISAS EMPÍRICAS: QUE É APRENDER? APRENDER É TRAIR?

Não posso, evidentemente, apresentar aqui todos os resultados de 12 anos de pesquisa. Mas pontuarei rapidamente alguns que me parecem mais interessantes.

As três questões iniciais que estão na base de nossas pesquisas empíricas são as seguintes: que sentido tem para uma criança, notadamente do meio popular, ir à escola, estudar na escola (ou não estudar), aprender e compreender?

Para responder a essas questões, não procuramos construir categorias de alunos, mas identificar os processos pelos quais se constroem a relação com o saber e a escola e as lógicas que organizam esses processos. Verificamos que esses processos e essas lógicas não se encontram com a mesma freqüência nas diferentes classes sociais e que esses processos funcionam em histórias singulares de tal modo que a relação com o saber do sujeito não é sempre aquela que se encontra mais freqüentemente em sua classe social e pode mesmo ser muito diferente.

Analisamos a relação dos alunos com o trabalho escolar (*trabalho*, como se diz em francês, *estudo*, como se diz em português). Para alguns, estudar tornou-se uma segunda natureza, e não conseguem parar de fazê-lo (os *intelectuais*). Encontram-se na classe média e raramente na classe popular. Existem aqueles para os quais estudar é uma conquista permanente do saber e da boa nota; esta voluntariedade é, muitas vezes, o processo dominante entre os alunos do meio popular. Há aqueles que estudam não para aprender, mas para passar para a série seguinte, em seguida, novamente para a série seguinte; para ter um diploma, um bom emprego, uma vida *normal* ou mesmo um belo caminho. Estudar para passar, e não para aprender, é o processo dominante na maioria dos alunos do meio popular, mas não de todos. Há aqueles que não entendem por que estão na escola, alunos que, de fato, nunca *entraram* na escola; estão matriculados, presentes fisicamente, mas jamais entraram nas lógicas específicas da escola.

Temos também procurado compreender o que significa para um aluno *aprender*.

Para muitos deles, é fazer o que o professor pede: se for bem conformadinho, obediente, terá boas notas e passará para a série seguinte. São alunos que, quando se lhes pergunta o que é um bom aluno, respondem: aquele que é pontual e, em sala de aula, levanta o dedo antes de falar. Definem, assim, o bom aluno sem dizer que este aprendeu muitas coisas, ao passo que, para aqueles que são realmente bons alunos, aprender é adquirir conhecimentos, entrar em novos domínios do saber, compreender melhor o mundo e ter aí prazer.

Os alunos para os quais aprender é fazer o que o professor manda são, freqüentemente, aqueles para os quais aprender é passar muito tempo com os livros e os cadernos. Para eles, a medida do estudo é o tempo que nele se passa (em vez de brincar com os colegas), e não o saber que se adquire estudando. Aí há uma relação popular com o saber: o trabalho é o tempo transcorrido com o estudo – e espera-se um "pagamento" proporcional ao tempo que se passou com ele. Provém daí o sentimento de injustiça que esses alunos experimentam, quando passam muito tempo com cadernos e livros e tiram, apesar disso, uma nota baixa. Ocorre aí uma verdadeira trapaça: passaram bastante tempo trabalhando e não foram pagos com uma boa nota.

Nesse caso, os alunos julgam que a nota é tanto mais injusta porque o que a nota avalia é também, e sobretudo, o professor. O trabalho do aluno é vir à escola e escutar o professor (e, em casa, passar o tempo com os livros e cadernos). O trabalho do professor é ensinar o saber aos alunos. Se o aluno não sabe, depois que escutou, é porque o professor não fez bem seu trabalho e, por isso, é totalmente injusto que esse professor dê uma nota baixa ao aluno. O professor é que deveria receber uma nota baixa! O modelo de referência desses alunos, modelo implícito, é o do gravador. Um dia, um aluno me disse: "Eu não tenho problema, minha cabeça é como um gravador: o professor fala, meu cérebro registra". Um outro me disse: "Este professor é ótimo, quando fala, suas palavras entram diretamente em minha cabeça". Isso quer dizer que o que é ativo no ato de ensino/aprendizagem é o professor, não o aluno. Aí há um modo de interpretação da situação muito freqüente entre os alunos do meio popular fracassados. São alunos que, desde os 6 anos, nos dizem que *é preciso escutar o professor*, enquanto os alunos que têm sucesso dizem muito freqüentemente que é preciso *ouvir a lição, refletir, experimentar*.

É raro os alunos que não têm sucesso dizerem, quando falam da escola, que é preciso refletir. Na escola, é preciso *ouvir*. É falando da vida, e não da escola, que eles utilizam o termo *refletir*. Esses alunos opõem muito freqüentemente *aprender na escola* a *aprender a vida/na vida*. Aprender na escola é ouvir e repetir. Aprender a vida, o que não é possível senão *na* vida, é ter experiências e refletir sobre elas ou, então, verificar pela experiência as regras da vida que os pais ou os colegas nos ensinaram. Essas regras não tratam do que é *verdadeiro, objetivo, universal*, mas do bem e do mal, do permitido e do proibido, do possível e do impossível para mim, para nós. São regras de sobrevivência, não de descoberta de uma verdade objetiva.

Percebe-se bem como esses processos se enraízam em uma situação de dominados. São os dominados que devem escutar, fazer o que se lhes manda fazer, que são pagos pelo tempo de trabalho e para os quais o mais importante é aprender o que lhes possibilite a sobrevivência. A relação com o saber e com a escola é uma relação social. Não é, porém, uma conseqüência automática da posição que o dominado ocupa. Esta relação é construída por um sujeito que interpreta sua posição de dominado, tenta produzir um sentido do mundo e adaptar-se. Há também sujeitos dominados para os quais a escola e o saber possibilitam compreender o que se vive e sair da dominação, alunos do meio popular que encontram no saber sentido e prazer, que, às vezes, se engajam na conquista voluntária do sucesso escolar e, graças a esse sucesso, de um futuro melhor. A posição social produz seus efeitos pelo desejo, pela atividade, pela história do sujeito; ela não *determina direta e automaticamente* o sucesso ou fracasso escolar.

Esses processos epistêmicos que apresentei articulam-se com outros processos, que se enraízam nas relações familiares e comunitárias. Estamos particularmente interessados nos processos que se desenvolvem nas situações onde ocorre ruptura entre as condições de vida e de escolarização das gerações, notadamente nos casos de migração dos pais.

Identificamos, por exemplo, um processo de continuidade na heterogeneidade (ou de heterogeneidade na continuidade). Os pais migraram para melhorar de vida. Tenham tido sucesso ou não, eles queriam que seus filhos também melhorassem de vida. Para isso, as crianças deviam ter sucesso na escola. Para que tivessem sucesso na escola, era preciso que os pais os aceitassem como sendo diferentes deles, seus pais. Dizendo de outro modo, para que meus filhos continuem minha história, é preciso que eu aceite que eles sejam diferentes de mim. A continuidade exige heterogeneidade. Isso traz vários problemas: de identificação, de comunicação, de sentido de vida, os quais, muitas vezes, os pais e os filhos não chegam a resolver, nem mesmo a gerir. Assim, o sucesso escolar das crianças é, ao mesmo tempo, fonte de orgulho e de sofrimento tanto para os pais como para os filhos. Orgulho pelo sucesso. Sofrimento porque o preço a pagar é muito alto do ponto de vista psicológico. Esse preço é a ruptura da comunicação entre pais e filhos e também o risco de desvalorização de uns pelos outros. Desvalorização dos pais, que nem sabem ler. Desvalorização dos filhos, que se tornaram intelectuais, mas não sabem fazer nada que seja importante: os homens não sabem fazer um conserto, e as mulheres nem sabem cozinhar para o marido...

Tal problema acontece diretamente com as crianças que têm sucesso na escola, enquanto seus colegas fracassam: será que elas os estão traindo? Eis aí uma questão que muitas vezes encontramos principalmente entre os jovens que ingressam no ensino médio e se encontram nas classes massivamente freqüentadas por adolescentes da classe média. Estes jovens intuitivamente percebem que mudaram e vão continuar a mudar. Eles estão certos: aprender é mudar. Mas a eles se coloca uma questão muito difícil: mudar é trair? Trair os pais, os amigos de infância, a comunidade. Chegados a esse ponto, há jovens que *escolhem* (consciente ou inconscientemente) o fracasso escolar para não trair.

É evidente que tais processos são processos sociais, mas é também evidente que esses processos sociais não podem se realizar a não ser pela história de um sujeito. A relação com o saber e com a escola é, ao mesmo tempo e indissociavelmente, uma relação social e uma relação subjetiva.

Para identificar esses processos, para compreender como uma relação com o saber pode ser social e pessoal ao mesmo tempo, fizemos um trabalho importante de teorização, que ampliei por uma reflexão do tipo antropológico. Essa também é uma questão que não terei como desenvolvê-la, mas gostaria de, ao menos, indicar algumas marcas.

UM APROFUNDAMENTO TEÓRICO

Voltemos ao ponto de partida da reflexão. O que produz o sucesso ou o fracasso escolar é o fato de o aluno ter ou não uma atividade intelectual – uma atividade eficaz que lhe possibilite apropriar-se dos saberes e construir competências cognitivas. Se um aluno fracassa na escola, não é diretamente porque pertence a uma família popular, é porque não estuda ou porque não o faz de maneira eficaz.

No centro da questão do sucesso ou fracasso escolar é preciso, portanto, colocar a questão da atividade intelectual. Por que o aluno estuda ou não estuda? Por que o aluno se mobiliza ou não intelectualmente? Preferimos falar de mobilização, e não de motivação. A idéia de motivação remete a uma ação exterior: procura-se alguma coisa que motive o aluno. A idéia de mobilização remete a uma dinâmica interna, à idéia de motor (portanto, de desejo): é o aluno que se mobiliza.

Para que o aluno se aproprie do saber, para que construa competências cognitivas, é preciso que estude, que se engaje em uma atividade intelectual, e que se mobilize intelectualmente. Mas, para que ele se mobilize, é preciso que a situação de aprendizagem tenha sentido para ele, que possa produzir prazer, responder a um desejo. É uma primeira condição para que o aluno se aproprie do saber. A segunda condição é que esta mobilização intelectual induza uma atividade intelectual eficaz. Vamos refletir sobre essas duas condições.

1. É preciso que a situação tenha sentido para o aluno. Mas, de certa maneira, toda situação faz sentido. Quando o aluno detesta a escola, ela tem um sentido para ele. É preciso, pois, que a situação faça sentido de tal forma que o induza a querer ir à escola. Mas isto não é suficiente. Uma grande parte dos alunos ama ir à escola: para encontrar os colegas. É preciso, pois, que o sentido da escola tenha relação com a função específica da escola: estudar, aprender, saber. Que o desejo da escola seja (também) desejo de estudar, de aprender, de saber. Mas não podemos esquecer que o desejo de saber não induz automaticamente o desejo de aprender, de estudar. Muitos alunos têm o desejo de saber, mas não têm vontade de aprender, de se esforçar para se engajar em uma atividade intelectual. Alguns até acham uma justificativa nas palavras dos adultos: "você saberá tal coisa, quando for grande", dizem-lhes freqüentemente. Portanto, basta esperar e deixar-se crescer para saber...

Para que o aluno se aproprie do saber, é preciso que ele tenha ao mesmo tempo o desejo de saber e o desejo de aprender. Desejo de saber em geral (matemática, história, etc.), desejo deste ou daquele conteúdo do saber. Desejo de aprender, isto é, desejo que eu aprenda. É preciso que haja uma mobilização do próprio sujeito em atividades determinadas, sobre conteúdos determinados. A questão que se coloca é: de onde e como vem o desejo de saber, o desejo de tal e tal saber? De onde vem e como se constrói o desejo de aprender, esta mobilização intelectual que exige esforços e sacrifícios?

Esta é uma das questões fundamentais que os professores encontram a cada instante no cotidiano da sala de aula. Concretamente, na sala de aula, é a questão da aula *interessante*. Do ponto de vista teórico, uma aula interessante é aquela em que ocorre o encontro do desejo e do saber. Tenho estudado muito essa questão e posso dizer que não é fácil. Quando pergunto aos alunos por que uma aula é interessante, eles respondem que é uma aula da qual gostam muito. E, quando pergunto por que gostam tanto, respondem que é... porque a aula é interessante. A pesquisa possibilita sair desse círculo, mas não é fácil...

2. A segunda questão fundamental, que também se coloca no cotidiano da sala de aula, é a da atividade intelectual eficaz para se apropriar de um saber. Para ser eficaz, essa atividade deve respeitar certas normas, impostas pela própria natureza dos saberes que devem ser apropriados. A poesia e a matemática, a história e a física envolvem formas de atividade intelectual diferentes. Há uma *normatividade* da atividade: para adquirir um determinado saber, é preciso que a atividade intelectual observe certas normas. Não se deve, como ocorreu muito freqüentemente, confundir esta *normatividade* da atividade com a *normatização* social dos comportamentos e dos pensamentos. A normatividade remete ao respeito a regras internas à atividade, constitutivas dessa atividade. A normatização impõe regras sociais externas à atividade mesma. Atribuir sempre o mesmo sentido a um símbolo matemático resulta da normatividade, e não de uma insuportável normatização burguesa ou de um

golpe na criatividade da criança: se são atribuídos sentidos diversos a um símbolo matemático, não é possível a atividade matemática. Em contrapartida, chamar de x o desconhecido da equação resulta da normatização: poderia se chamar h, sem com isso destruir a atividade matemática. Nesse caso, a normatização foi produzida historicamente pela comunidade dos matemáticos, que chegou a um acordo quanto a utilizar a letra x. Pode-se acrescentar (e acrescenta-se freqüentemente nas disciplinas ligadas diretamente aos contextos sociais, as línguas, notadamente) a normatização escolar e social. É o caso, por exemplo, do professor que exige que a letra x seja sempre escrita em vermelho.

Para adquirir o saber, é preciso, portanto, entrar em uma atividade intelectual, o que supõe o desejo, e apropriar-se das normas que essa atividade implica. É a partir daí que se pode colocar a questão sociológica de uma nova maneira. O desejo de escola, o desejo de aprender e de saber o que se pode aprender na escola, a facilidade de entrar nas normas das atividades escolares (no duplo sentido de normatividade e de normatização) não são os mesmos em todas as classes sociais. Mas, se as crianças dos meios populares não estão condenadas ao fracasso, se a escola não é impotente diante da desigualdade social, é porque um sujeito, mesmo que seja dominado, não se torna jamais um objeto social. Resta saber o que o sujeito faz da posição em que nasceu, daquilo que a sociedade lhe fez.

Para entender isso, é preciso ainda um passo teórico, o que abre uma perspectiva de análise antropológica.

UMA PERSPECTIVA ANTROPOLÓGICA

As análises anteriores não devem levar a crer que a criança do meio popular sofra de uma carência, de uma deficiência, de uma desvantagem em sua relação com o saber. Sua relação com o saber não é inferior à das crianças da classe média, é outra – o que torna mais difícil sua relação com a escola. Uma perspectiva antropológica, bastante sumária, devido à falta de tempo, possibilita a compreensão disso.

A *cria do homem* nasce inacabada, imperfeita, contrariamente à cria de outras espécies que é dotada de instintos que lhe possibilitam adaptar-se rapidamente ao seu meio. Na cria da espécie humana, o homem não é ainda; ele deve ser construído. Como isso é possível? Porque essa *cria* nasce em mundo humano, já construído como humano, e carregada por seres humanos (seus pais e outros seres humanos). Dizendo de outra forma, o caráter humano, a humanidade, não está lá em cada indivíduo que nasce, ela é exterior a esse indivíduo (como Marx já explicava na VI Tese sobre Feuerbach). O que é humano é o conjunto do que a espécie humana produziu ao longo de sua história: práticas, saberes, conceitos, sentimentos, obras, etc. A *cria* da espécie humana não se torna homem se não se apropriar, com a ajuda de outros homens, dessa humanidade que não lhe é dada no nascimento, que é, no início, exterior ao indivíduo.

A educação é essa apropriação do humano por cada indivíduo. A educação é hominização. Mas um ser humano não pode apropriar-se de tudo que a espécie humana criou, em todos os tempos e em todos os lugares. Ele não pode apropriar-se senão do que está disponível em um lugar e momento determinados na história dos seres humanos. Dizendo de outra forma, a educação é indissociavelmente hominização e socialização: o ser humano é sempre produzido sob uma forma socioculturalmente determinada. Enfim, o ser humano assim produzido é sempre um ser humano singular, absolutamente original; a educação é singularização. A educação é, portanto, um tríplice processo: é indissociavelmente hominização, socialização e singularização. O ser humano não se produz e não é produzido a não ser em uma forma singular e socializada. Ele não é um terceiro homem, um terceiro social e um terceiro singular, ele é totalmente humano, totalmente social, totalmente singular (100% + 100% + 100% = 100%).

Essa condição antropológica deve estar na base de toda teoria da relação com o saber e, a meu ver, de toda teoria da educação. Ela induz os princípios fundamentais de uma teoria da relação com o saber. Atemo-nos aos mais importantes, enunciados a seguir:

- Nascer é, para o homem, estar na obrigação de aprender (e ter a chance de poder fazê-lo...).
- Aprender não é apenas adquirir saberes, no sentido escolar e intelectual do termo, dos enunciados. É também apropriar-se de práticas e de formas relacionais e confrontar-se com a questão do sentido da vida, do mundo, de si mesmo. A relação com o aprender é mais ampla do que a relação com o saber (no sentido escolar do termo) e toda a relação com o aprender é também uma relação com o mundo, com os outros e consigo mesmo. Neste campo do aprender, podem existir *situações de concorrência* (por exemplo, entre aprender na escola e aprender na vida), provocadas principalmente pela posição social e cultural na qual se nasce.
- O movimento para aprender é induzido pelo desejo, devido à incompletude do homem. Esse desejo é desejo de saber, de poder, de ser e, indissociavelmente, desejo de si, desejo do outro (que se procura em si, no outro, no mundo).
- Esse desejo não pode jamais ser completamente satisfeito porque, por sua condição, o sujeito humano é incompleto, insatisfeito. Ser completo seria tornar-se um objeto. Nesse sentido, a educação é interminável – jamais será concluída.
- Educar é educar-se. Mas é impossível educar-se, se não se é educado por outros homens. A educação é, ao mesmo tempo, uma dinâmica

interna (de um ser inacabado) e uma ação exercida do exterior (porque a humanidade é exterior ao homem). Esta relação interna/externa é que define a educação. Com todas as conseqüências que isso traz do ponto de vista pedagógico...

Outros princípios poderiam e deveriam ainda ser colocados, a partir desta base antropológica, principalmente em referência à atividade, à linguagem e ao tempo. Mas o essencial foi dito. Repitamos, para concluir. Não há saber (de aprender) senão na relação com o saber (com o aprender). Toda relação com o saber (com o aprender) é também relação com o mundo, com os outros e consigo. Não existe saber (de aprender) se não está em jogo a relação com o mundo, com os outros e consigo.

3

Relação com a escola e o saber nos bairros populares*

Eu gostaria de agradecer à Universidade Federal de Santa Catarina pelo convite. Agradecer a vocês também por estarem aqui sentados no chão escutando um sotaque francês, o que nos remete à questão do sentido, do saber, temas que tratarei nessa conferência. Em primeiro lugar, vou apresentar o tema da palestra, depois vou ler alguns textos escritos pelos jovens para vocês terem uma idéia dos dados sobre os quais estamos pesquisando e, ainda, apresentar a problemática teórica e sua relação com a Sociologia da Reprodução, de Pierre Bourdieu. Há 13 anos estamos pesquisando as relações dos alunos com a escola e com o saber, e eu vou focar a conferência sobre alguns resultados dessas pesquisas.

TRÊS QUESTÕES BÁSICAS

Estamos pesquisando sobre três questões básicas: 1) para um aluno, especialmente de meios populares, qual o sentido de ir à escola?; 2) para ele, qual

---

*Conferência proferida na Universidade Federal de Santa Catarina em 06/08/02. Foi publicada na revista *Perspectiva*, Revista do Centro de Ciências da Educação da Universidade Federal de Santa Catarina (Volume 20, n° especial «Sociologia e Educação», jul/dez. de 2002, Florianópolis). O texto foi transcrito pelas alunas Gabriela C. de Andrade e Marilene de S. P. Virgílio e revisado pelas professoras Nadir Zago e Olinda Evangelista. Não havia intertítulos no texto publicado pela revista, foram introduzidos por mim quando incluí o texto neste livro.

o sentido de estudar[1] ou de não estudar na escola?; 3) qual o sentido de aprender, de compreender, quer na escola quer fora dela.

Por que levantei essas questões? Para falar simplesmente da experiência do aluno que não entende, que fracassou ou que está fracassando. Essa é uma experiência que os professores do mundo inteiro conhecem.

Neste caso, quando um aluno encontra dificuldades, que questão devemos nos colocar? Será que devemos saber se o aluno tem carências socioculturais que, na França, chamamos de *handicaps*? Será que devemos perguntar se o professor adotou um método de ensino construtivista ou tradicional? Qual a questão? Acho que existe uma questão mais imediata e muito simples, mas importante, para desconstruir uma parte da Sociologia que foi construída.

A primeira questão é saber se o aluno estudou, ou se não estudou por que, se não estudou, é evidente que não aprendeu e fracassou. Segue uma outra questão: porque ele estudaria? Qual o sentido de estar na sala de aula fazendo ou recusando-se a fazer o que o professor está propondo? Qual é o prazer que ele pode sentir ao fazer o que deve ser feito na escola? As questões da atividade intelectual, do sentido, do prazer, na minha opinião, são chaves do ensino.

Quem puder resolver a questão do sentido, da atividade intelectual e do prazer, vai ser um professor bem-sucedido. É muito difícil resolvê-las. No entanto, me parecem fundamentais, muito mais fundamentais do que saber se o ensino é construtivista ou tradicional. Descobri que, no Brasil, tradicional não é mais um conceito, é um insulto. Mas se deveria refletir sobre a significação do que é tradicional. Há uma filosofia de educação tradicional cujos métodos são também interessantes. Eu sou mais construtivista do que tradicional, mas sei o que estou dizendo, do que estou falando ao dizer construtivista. O que importa no método construtivista é a atividade intelectual do aluno. Quem consegue desenvolver, incentivar a atividade intelectual do aluno, faz o que é mais importante de um ponto de vista construtivista. Já encontrei professores rotulados de tradicionais que davam mais oportunidades para os alunos terem uma atividade intelectual do que outros rotulados de construtivistas. O que importa não é o rótulo, o que importa é ter o objetivo de permitir ao aluno uma atividade intelectual, porque é ele que aprende, ninguém pode aprender no lugar do aluno. Ele deve ter uma atividade intelectual.

ALGUNS TEXTOS ESCRITOS POR ALUNOS

Após essa breve apresentação da área de reflexão de nossas pesquisas, gostaria de comunicar alguns dos seus dados. Estamos utilizando alguns métodos clássicos, como a entrevista chamada de semi-estruturada,[2] e também estudos voltados para a análise das tarefas dos alunos para verificar como realizaram suas tarefas. Esse método é muito interessante, pois permite entender como está se desenvolvendo a atividade do aluno. Utilizamos um outro método, que criei há 12 anos e que em francês se chama *bilan de savoir*. Esse tem várias traduções em português: a tradução literal é *balanços de saber*, outra é *escritas de saber*, que também me parece interessante. Não importa o título, o que importa é o método. O que está sendo solicitado aos alunos é um texto que responda à seguinte pergunta: "Desde que nasci aprendi muitas coisas na minha família, na rua, na escola e em outros lugares. Dentre as coisas que aprendi, quais são as mais importantes? E agora, o que estou esperando?" Eles escreveram textos muito interessantes, sobretudo a partir da 3ª e 4ª séries. O tamanho do texto varia de uma linha (por exemplo, para perguntar "quem é o bobo que perguntou isso?") até uma página. Citarei trechos de textos que foram escritos há 10 anos, mas os estou usando porque foram da primeira geração e são importantes para levantar algumas indagações. Estamos fazendo pesquisa nos bairros populares, no norte de Paris, em Saint-Denis, onde fica minha universidade.

O primeiro texto é de um jovem de 16 anos, de classe popular. Ele responde:

> Aprendi as coisas que admiro na cidade como amizade, fazer sacanagem, me divertir, conhecer lugares, ir à boate. Na escola, aprendi a escrever, a ler, a falar, a me expressar, a pensar, a saber, a ter êxito, a ter confiança em mim, e todas essas coisas me servirão depois para meu trabalho e para meu futuro. Em casa, aprendi a andar, a falar e a gostar dos meus semelhantes. Mas a coisa mais importante pra mim são os estudos, mesmo que eu não preste muita atenção porque os colegas de classe nos põem mais em enrascadas do que nos safam delas (...).

Tem uma frase que merece reflexão: *E agora espero mesmo que eu me dedique realmente ao estudo, para poder ter êxito em todas as minhas escolhas e empreendimentos, para ter uma profissão no futuro.* Se entendermos o que significa na cabeça de um adolescente de bairro popular, de 16 anos, essa idéia de que estava esperando algo acontecer como se fosse um milagre, vamos entender uma coisa importante do ponto de vista da teoria, mas também da prática, e que discutiremos à frente.

Agora vou ler um segundo texto, escrito por um aluno da 4ª série, filho de imigrante, com mais ou menos 9 ou 10 anos. Ele escreveu esse texto como se fosse uma carta para o seu professor.

> Bom dia, Bruno [nome do docente], sou eu, Bilal. Tenho muitas coisas para lhe dizer desde que eu nasci. A primeira coisa que aprendi foi falar e dizer mamãe, mas, quando tinha um ano, eu adorava contar. Essa era minha paixão. Eu contava para me acalmar. Aprendi a falar em Paris, na minha casa. Aprendi a falar, a correr, a contar com minha mãe, meu pai, meu irmão e minha irmã mais velha. Depois, com três anos, fui ao maternal com minha professora Katy e depois com Martine. Quando cheguei na 1ª série, eu não parava de me vangloriar, mas também contava muito com a minha irmã Maxime, que tem hoje 19 anos. Depois fui pra 2ª série, depois pra 3ª série e, não sei como, se foi um milagre ou por causa de Deus, vim parar aqui no 4º ano com você, Bruno.

Muitas vezes encontramos a palavra milagre. Quando eles não estão fracassando, ficam sem entender porque os outros estão fracassando e eles não. É como se fosse um milagre. Tem uma frase bastante extraordinária, uma análise de política de educação muito fina, mas que não é fácil para traduzir:

> Talvez eu passe para a 5ª série, depois para a 6ª, 7ª e depois para a 8ª, depois diploma, vestibular, universidade e o emprego; tudo isso, e eu vou dizer: eu não gosto da escola, mas tudo isso graças à escola.

É uma frase que foi muito importante para eu refletir: o que está acontecendo na mente de um aluno, filho de imigrante, com 9 ou 10 anos, quando diz "eu não gosto da escola, mas tudo isso graças à escola"? Estamos no seio da relação com a escola: graças à escola, mas não gosto da escola.

Para comparar, vou ler trechos de um texto com mais de duas páginas, escrito por um jovem de classe média, com 16 anos, excelente aluno que vai continuar os estudos de Física, Matemática.[3] Aqui já se pode verificar a diferença. Ele dá até um título para o trabalho:

> Faço um balanço do meu saber atual. Adquiri um certo número de conhecimentos durante os meus 14 anos vividos. Cada matéria tem sua utilidade e nos traz muita coisa. O francês nos ensina a bem dominarmos a nossa língua, tanto na escrita quanto oralmente. Essa matéria nos permite desenvolver a nossa expressão. Matérias como a história e o francês nos mostram a vida diferentemente (...) Mesmo quando ainda somos apenas criança, é preciso estudar o comportamento dos nossos pais e tentar entender seus passos e gestos, porque, mais tarde, nós seremos os pais. Se nós distinguirmos bem os erros cometidos pelos nossos pais, isso talvez nos permita no futuro não cometer os mesmos erros.

Entre os dois primeiros textos, escritos por alunos de escola popular, e o último há várias diferenças. Uma delas é o nível de linguagem, que no último é muito melhor. Outra é que os dois primeiros estão tentando responder a questão: o que eles aprenderam; o terceiro está julgando as matérias, a educação, está julgando a educação que recebe de sua família. Está falando como se fosse um professor, falando das matérias. Tem, pois, outra relação com o saber, com o mundo, com a educação. O que nos interessa é pesquisar essa diferença de relação, porque pensamos que é nessa diferença de relação com a escola, mas também com o saber, que se constroem as histórias dos chamados fracasso e êxito escolar.

A PROBLEMÁTICA DAS PESQUISAS

Nossa reflexão parte da famosa correlação estatística entre, de um lado, a origem social e, de outro lado, o êxito e o fracasso escolar. Há 35 anos sabemos, no mundo inteiro, que as crianças oriundas de uma família popular têm menos chances de serem bem-sucedidas na escola do que as de família de classe média. Não é necessário insistir nisso, não é uma descoberta. É a partir daí que começa o problema. O que significa essa correlação? Ocorreu um erro enorme tanto por parte de jornalistas como por parte da opinião pública e dos próprios docentes, quando traduziram essa correlação dizendo: a família popular é a causa do fracasso escolar. A discussão não é para saber se essa afirmação é verdadeira ou falsa, porque não tem sentido dizer isso. Pode haver uma correlação estatística entre dois fenômenos sem que um seja a causa e outro a conseqüência. Costumo explicar isso com dois exemplos. Existe uma correlação estatística entre a hora em que o galo canta e a hora em que eu me barbeio. Se uma pessoa anotar a hora em que o galo canta e a hora em que eu faço a barba, encontrará uma correlação estatística. Evidentemente, um desses fenômenos não é a causa do outro; os dois têm um terceiro fenômeno como uma causa comum, que é o nascer do sol. O outro exemplo na área científica encontrei, já faz tempo, em uma revista[4] de um órgão de estatística francês muito sério, o INSEE.[5] O texto, sem nenhum distanciamento crítico, mostra que existe uma correlação estatística entre, de um lado, a existência de banheiro na residência dos alunos (apartamento, casa) e, de outro, o fato de os alunos (de 1ª série ou de classe de alfabetização, o que na França é a mesma coisa) aprenderem a ler. Isso significa que quanto maior o número de alunos matriculados no início do ano letivo cujas residências dos pais possuem banheiro maior será o número de alunos alfabetizados no final do ano letivo. Neste exemplo, há uma correlação estatística que se pode verificar, mas, evidentemente, não é o fato de tomar banho que vai ajudar na aprendizagem da leitura. Existe uma correlação, mas não se trata de uma relação de causalidade. Cada vez que se diz que a família é a responsável pelo fracasso ou pelo êxito escolar, comete-se o mesmo erro ao dizer que ter banheiro na casa ajuda na aprendizagem da leitura. Mas também nunca se deve esquecer que existe uma desigualdade social frente à escola. Esse é um problema. Existe uma desigualdade social, mas não se pode interpretar essa desigualdade social frente ao saber e frente à escola atribuindo a *causa* do fracasso escolar à família. Por exemplo, posso levantar a hipótese de que uma família que tem dinheiro para comprar uma casa ou um apartamento com banheiro, que tem um determinado nível de orçamento, que tem o costume de comprar jornais e livros coloca a criança em contato com a escrita muito cedo, o que irá ajudá-la a ler mais rapidamente. Assim, existe uma relação entre o banheiro, por um lado, e o fato de ela aprender a ler, por outro. Existe uma relação entre a origem social e o fato de ser bem-sucedido ou não na escola. Se não existisse nenhuma relação, não existiria uma correlação estatística, mas não é uma relação de causalidade. Para entender o que está acontecendo, se deve descobrir, pesquisar, construir, entender o conjunto de mediações entre a origem social por um lado e, por outro, o êxito ou o fracasso escolar. É este ponto que estamos pesquisando para entender quais são essas mediações e assim poder entender melhor por que existem filhos de famílias populares bem-sucedidos na escola. Há uma relação estatística entre a origem social e o êxito ou o fracasso escolar, porque existe uma desigualdade social frente à escola. Deve ficar claro esse fato. Não estou falando contra a existência dessa relação, estou afirmando que, depois de constatar a desigualdade social, é necessário entender como está se construindo e, assim, poder lutar contra ela.

Há o que chamamos de êxitos paradoxais, caso, por exemplo, dos filhos de famílias populares que estão na universidade. Conforme a Sociologia da Reprodução, eles estão fora da norma. Também há filhos da classe média que fracassam na escola. São minorias, mas existem. E são minorias importantes. Na França, 16% dos estudantes universitários são filhos de operários, mas se existisse uma justiça social, uma igualdade social, eles deveriam representar 30 ou 35%. Apesar de existir uma desigualdade social frente à escola, não podemos ignorar que 16% freqüentam a universidade.

Isso significa que cada um de nós tem sua história singular na escola. O fato de ter uma história singular não significa que não somos seres sociais. Não se pode opor de um lado a singularidade psíquica do indivíduo e, de outro, o fato de cada um de nós sermos humanos. Eu sou 100% social, porque se não fosse social, não seria um ser humano. Eu sou 100% social, mas também sou 100% singular, porque não existe nenhum outro ser humano social igual a mim. Já Leibniz, filósofo do século XVII, disse que se poderia procurar, mas nunca seriam encontradas duas folhas semelhantes. Até mesmo dois irmãos gêmeos não têm a mesma história escolar. Todos nós somos 100% singular e 100% social e o interessante é que o total não é 200%, o total ainda é 100%. Para entender isso, em termos acadêmicos, a relação entre a singularidade e o caráter social do ser humano não é aditiva, é multiplicativa. O que temos de entender, particularmente nós docentes, formadores, educadores, é esse enigma, que fica no centro de todas as ciências humanas. Como um ser humano pode ser ao mesmo tempo totalmente original, singular e totalmente social? Como o social se constrói, dando formas singulares aos seres humanos, como o ser humano singular se constrói como ser social? Para entender isto devemos mobilizar, simultaneamente, a psicologia, a sociologia, a antropologia e outras ciências humanas. Aqui há uma base de interdisciplinaridade, e não se pode entender a educação apenas a partir de uma disciplina.

Mais dois pontos e depois vou apresentar resultados de pesquisas. A questão das práticas das escolas e dos professores é muito importante. Quando o aluno não entende nada, e a professora continua ensinando, ela está construindo o fracasso. O terrível é que é quase impossível levar em consideração cada aluno em sua singularidade. Deve-se, então, entender que o fracasso escolar se constrói também no dia-a-dia da sala de aula. Concordo quando se diz que a responsabilidade está na desigualdade social, na globalização, mas não é por essa razão que tenho o direito de deixar meu aluno sem entender nada do que estou ensinando. Temos de considerar que nossas práticas são importantes. Quantos alunos que não entendem o conteúdo são necessários para que a professora interrompa sua aula? Se tem 30 alunos e 25 não entenderam nada, ela vai explicar de novo? Se 10 não entenderam nada, vai explicar novamente ou não? E se 5 não entenderam, vai explicar de novo ou não? E ainda, se apenas 1 não entendeu nada, vai explicar ou não? A resposta é pedagógica, é profissional, mas é também política porque esse aluno que não entendeu vai mergulhar ainda mais no fracasso escolar. Essa questão prática é também uma questão política, pois o que assim é levantado é a questão da realização de uma escola democrática.

Estou completamente de acordo com outras questões políticas que remetem à luta pela defesa da escola pública, contra o neoliberalismo, contra a globalização. Mas devemos lutar em todos os níveis para democratizar a escola, inclusive no dia-a-dia da sala de aula, sabendo que estamos enfrentando contradições difíceis de serem resolvidas.

A questão do saber é central na escola. Não se deve esquecer que a escola é um lugar onde há professores que estão tentando ensinar coisas para os alunos e onde há alunos que estão tentando adquirir saberes. Aí está a definição fundamental da escola. Estou falando do saber em um sentido geral, que inclui imaginação, exercício físico, estético e sonhos também. Mas a escola é um lugar de saber e isso é muito importante. A sociologia clássica dos anos 1960 e 70 se desenvolveu esquecendo que a escola é um lugar do saber. Raros são os sociólogos que falam do saber. Há os ingleses, sobretudo os que desenvolveram a sociologia do *curriculum*, mas Bourdieu quase não fala das práticas do saber. Dubet[6] pesquisou a experiência escolar nos bairros populares, mas não o saber. A escola é uma experiência, e enfrentar a questão do saber é muito importante, inclusive para entender a violência. O fenômeno da violência não se encontra, ou pouco se encontra, em uma escola em que as crianças têm o prazer de estudar, o prazer de aprender. Não estou dizendo que se vai resolver todo o problema da violência, mas uma parte importante dele provém da relação com o saber. Finalizo essa vertente da problemática e vou entrar um pouco nos resultados das pesquisas.

A RELAÇÃO COM O ESTUDO

Em primeiro lugar, os alunos não estão refletindo em termos de dom, estão falando em termos de trabalho. Estão dizendo "fui bem-sucedido porque trabalhei demais" ou "não fui bem sucedido porque não trabalhei, não estudei o suficiente". Existem alguns que falam de dons, por exemplo, este jovem que disse "infelizmente não sou uma luz, então vou fracassar na minha vida". Encontramos respostas como essas, mas são raras. Inclusive, os bem-sucedidos, que poderiam se apresentar como muito inteligentes e gênios, respondem em termos de estudo, de trabalho. Nós pesquisamos a relação com o estudo e chegamos a quatro processos.

O primeiro não se encontra nos bairros populares. Trata-se de alunos que, no sentido de Bourdieu, têm o *habitus* de estudar. São os que começaram a aprender a ler com 4 anos e meio e nunca pararam de estudar, os que estudam nos finais de semana, durante as férias. É o estudo como segunda natureza. É raro encontrar esse aluno em escolas de bairros populares.

Um segundo processo é a "conquista cotidiana". Estou pensando em José, filho de imigrantes portugueses, que nos disse: "tirei uma boa nota, mas na próxima semana vai ter mais uma prova, devo tirar mais uma boa nota. É assim, sempre a mesma coisa." Na França, a conquista cotidiana se encontra nos excelentes alunos de bairros populares, muitas vezes filhos de imigrantes. São alunos com uma grande vontade, mas esta não é uma explicação, porque, depois de falar de vontade, ainda se deve explicar por que uns a têm e outros não. É como a preguiça. A preguiça não explica nada, porque quando um aluno não trabalha e a professora diz que é por causa da preguiça, ela não acrescentou nada. Deve-se desconfiar dessas palavras que fecham em vez de abrir o questionamento. O que é preguiça? É o fato de não trabalhar. Quando explico o fato de não trabalhar pela preguiça, estou explicando o fato de não trabalhar pelo fato de não trabalhar. Logo, não expliquei nada. Vontade também é um jeito de dizer as coisas, mas não é uma explicação.

O terceiro processo é o mais importante e voltarei a ele depois. O quarto processo trata dos alunos que, de tão afastados da escola, poderíamos dizer que nunca entraram nela, no sentido simbólico do termo. Estiveram fisicamente presentes, se matricularam, mas, na verdade, nunca entraram nas lógicas simbólicas da escola. Pesquisadores, chefes de administração, entre outros, estão falando de abandono.[7] Mas esses alunos não estão se desligando porque nunca estiveram ligados, não estão abandonando porque nunca entraram de fato na escola. Deve-se prestar atenção aos termos dos questionamentos. Não são crianças que estão abandonando a escola, são crianças que estão desistindo de entrar nela. Não são iguais às práticas a ser desenvolvidas quando se pensa que o aluno está abandonando, ou quando se pensa que ele nunca entrou na escola. Um exemplo interessante é o de uma francesa, filha de imigrante da Argélia, de 16 anos. Ela estava tentando fazer as tarefas, mas estava afastada da escola. Até mesmo quando tentava, não conseguia estudar: "é como de hábito, quando entro na aula às 8 horas, em vez de ficar contente, fico decepcionada. Digo, ah! ela (professora) ainda vai me encher a cabeça durante uma hora e é tudo sempre igual, não muda nada!". A expressão francesa é ainda mais forte: não é "encher a minha cabeça", é "prender a minha cabeça" (prendre la tête). Muitas vezes encontramos adolescentes que dizem: "a escola é sempre a mesma coisa, é sempre igual, não se aprende nada, se fala sempre a mesma coisa". Eles estão reclamando porque não existe uma aventura intelectual. Quando se entra na escola de manhã, já se sabe tudo o que vai acontecer naquele dia. É chato! É aborrecido!

Vou retomar a entrevista: "No francês, aquelas coisas de subordinadas, eu não entendo mais nada, estou toda confusa. No inglês é sempre igual. A gramática, a história, Hitler e a cambada toda me enchem a cabeça, é sempre igual, não muda nunca". São coisas velhas, eles nos explicam. História são coisas que aconteceram antes de eles nascerem. Não estavam lá; como dizem, ninguém vivia, não se pode verificar se é verdadeiro ou se são mentiras. São coisas velhas. "Eles nos ensinam História, tudo bem, é legal durante uma, duas, três horas, tudo bem! Mas, um ano inteiro não é possível, eu não consigo suportar!" O professor não sabe do que a aluna está reclamando. Ele pode mudar os métodos, mas se não conseguir mudar a relação do aluno com a História, não vai conseguir nada. Não estou dizendo que todos os métodos são iguais. Estou dizendo que, neste caso, a diferença entre os métodos é saber qual deles vai dar sentido para essa situação.

Vou retomar agora o terceiro processo, que é o mais freqüente: aproximadamente de 75 a 80% dos alunos estudam para mais tarde ter um bom emprego. É uma questão de realismo o qual se torna ainda mais realista se pensado na lógica de que, para se ter um bom emprego, se deve ter um diploma e, para se ter um diploma, se deve passar de uma série para outra. Deve-se ter diploma para ter emprego, deve-se ter emprego para ter dinheiro, e deve-se ter dinheiro para ter uma vida normal. Na sociologia, muitas vezes se diz que eles não têm projeto. Evidentemente eles têm um projeto, não um projeto de classe média, mas pretendem ter uma vida normal. Nossos filhos quase têm a certeza de que terão uma vida normal. E nosso projeto é para que subam na escala social. Para quem nasce em um bairro popular francês, em uma favela, aqui, ter uma vida normal é uma conquista, não é uma coisa adquirida no nascimento. O projeto é ter uma vida normal e para isso só a escola ajuda. Pode-se ganhar dinheiro de outras formas, seja no Brasil, seja na França, com o tráfico de drogas, por exemplo, mas este não proporciona uma vida normal, e eles sabem disso, pois tiveram a oportunidade de ver colegas mortos na rua. Para quem nasceu em uma família popular ter uma vida normal, o único jeito é ser bem-sucedido na escola – e as famílias sabem disso. Os professores franceses dizem que as famílias populares não dão importância à escola. Não é verdade. Elas dão grande importância à escola porque sabem que não há outro jeito para os filhos saírem das dificuldades da vida. Os filhos de classe média também acreditam que terão um bom emprego com diploma. A diferença é que, nos bairros populares, para muitos alunos, o único sentido da escola está no fato de proporcionar um bom emprego mais tarde. Eu, por exemplo, sou de família popular, mas fui bom aluno, se não tivesse sido bom aluno não estaria aqui. Eu odiava duas matérias: ciências naturais e química que, com todas as suas classificações, demandavam memorização e muitas coisas que não têm sentido. Agora eu sei que pode ser de outra forma. Se vocês quiserem que os alunos fracassem, o melhor jeito é fazê-los memorizar coisas que não entendem. Apesar disso, na química e nas ciências naturais fui bom aluno. Eram matérias chatas, mas eu tinha o projeto de ter uma vida melhor do que a de meus pais. Eu estava estudando, mas também encontrei prazer e sentido em outras matérias, como história e francês. Os filhos de classe média conhecem o prazer do saber, o sentido do saber por ter encontrado um sentido em algumas matérias. Em outras matérias, fazem o mesmo que os filhos dos meios populares. O problema dos bairros populares na França, também já verificado em pesquisas no Brasil, é que há uma maioria de alunos estudando apenas para ter um bom emprego, sem encontrar o sentido e o prazer do saber. Esse é um ponto essencial. Lembrem que eu li um texto que dizia: "eu não gosto da escola, mas graças à escola vou ter um bom emprego, mas, no dia-a-dia da vida, não gosto da escola".

Há um fenômeno na França chamado *bouffon*, o "bobo da corte", denominação atribuída aos bons alunos das escolas populares que recebem insultos e até pancadas dos outros. Há lógica entre os que dão pancadas: na França, a média na avaliação é 10 e o total é 20. Para passar, o aluno deve tirar 10 e é inútil tirar 11, 13, 15 ou 16. Mas se em uma sala de aula tiver dois, três, quatro, cinco, seis alunos (sonho da professora) que estão estudando para ter nota 16, 17, a professora se torna mais exigente e quem tinha nota 10 – e estava passando – corre o risco de ter nota 9,0 e de ser reprovado. A causa são os bons alunos que estudaram demais e que estão causando danos aos outros. É como se fossem colaboradores do inimigo, como se fossem traidores de classe. São formas populares de relacionamento com o saber. Considerar a origem social é, portanto, importante, mas não como carência, e sim para entender esses processos de relacionamento com o saber.

QUEM É ATIVO NO PROCESSO DE ENSINO-APRENDIZAGEM?

Há muitas outras questões que mereceriam ser tratadas, mas não será possível abordá-las aqui. Levantarei apenas alguns pontos. Descobrimos que na mente do aluno é o professor quem é ativo no processo de ensino-aprendizagem; a atividade é do professor, e não do aluno. E, além do mais, em francês, *apprendre* significa ao mesmo tempo o que se diz em português "ensinar" e "aprender": o professor *apprend* (ensina) para o aluno que *apprend* (aprende). Aqui no Brasil, o professor ensina para o aluno que aprende. Em francês, não. Pode-se dizer que o professor *enseigne* (ensina), mas se pode também dizer que o professor *apprend* para o aluno que *apprend*. A confusão se torna ainda maior. Para os alunos de bairros populares, é o professor que cria o saber na cabeça do alunos, é o professor que tem a atividade no processo de ensino-aprendizagem, não o aluno. O que deve fazer o aluno? Perguntamos para eles: "o que é um bom aluno?" Responderam: "aquele que chega na hora certa na escola e que levanta a mão antes de falar na sala de aula". Não disseram que era o que aprendeu muitas coisas. Ou seja, podem definir um bom aluno sem falar do saber. A família é a causa disso? Não! A causa é a escola. O que a escola francesa ensinou para o aluno? Ensinou que o mais importante é respeitar as regras: chegar na hora certa e levantar a mão. Não ensinou que o mais importante é aprender coisas na escola. Assim o aluno deve chegar na hora certa, ficar quietinho, não fazer muito barulho, escutar o professor. O que vai acontecer, dependerá do professor. Conforme os alunos, a primeira qualidade do professor é explicar, sem insultar o aluno, explicar de novo, com palavras novas, até que todos entendam. Na lógica do aluno, se o professor explicar bem e se o aluno escutar bem, o aluno vai saber. Se o aluno escutou e não sabe, é porque o professor não explicou bem. Portanto, é culpa do professor. Na lógica do aluno há uma coisa extraordinária e profundamente injusta quando ele escuta e, apesar disso, tira uma nota ruim, pois foi o professor quem não explicou bem e foi o aluno quem tirou uma nota ruim. É um escândalo! Porque é o professor que merece a nota ruim. "Eu escutei, fiz o que tinha que fazer, é ele quem não explicou bem e, além do mais, vai me dar uma nota ruim". É uma injustiça profunda!

É com esta lógica que eles estão raciocinando. Quem é ativo no ato de ensino/aprendizagem é o professor. Estou pensando no aluno que disse: "Eu não tenho problema. O meu cérebro é como se fosse um gravador: o professor fala, a cabeça grava". Um outro disse: "Ah, esse professor é ótimo, quando ele fala as palavras entram diretamente no meu cérebro". É interessante levar a sério as palavras e as explicações deles, porque o modelo é o da transmissão direta da fala do professor para o cérebro do aluno. Isso significa que o aluno não funciona em uma lógica da atividade.

O que devemos fazer: trabalhar com uma pedagogia ativa com um aluno que não pensa que é ativo? Nesse caso, há um problema concreto a ser resolvido. O aluno de bairro popular não está esperando uma pedagogia ativa, ele está esperando uma pedagogia segura, que lhe possibilite passar para a próxima série. O ideal do aluno é preencher com cruzes o que é verdadeiro ou o que é falso. Nesse procedimento, há uma chance sobre duas de encontrar a resposta. Esse é o ideal do aluno. Mas, evidentemente, isso é contrário à formação. O aluno está reclamando uma pedagogia sem risco. E, muitas vezes, o professor está tentando fazer uma pedagogia sem riscos também. Mas, uma pedagogia sem risco é uma pedagogia sem formação, pela qual não se aprende nada.

Um outro resultado: descobrimos que há um processo que chamei de relação binária com o estudo. Para os alunos, ou se sabe ou não se sabe. Não existe nada entre saber e não saber. Vou dar um exemplo apresentado por uma aluna minha, é de uma criança de 8 anos que estava repetindo pela segunda ou terceira vez a 1ª série. Ela perguntou para esse aluno: "quando você não sabe ler uma palavra, o que você faz?". Depois de hesitar, ele respondeu: "quando não sei ler uma palavra, leio uma outra." É lógico! Deve-se sempre apostar que há uma lógica na resposta dos alunos, embora diferente da nossa. A lógica é simples: se eu sei ler uma palavra, posso ler a palavra, se eu não sei, não posso, então leio outra palavra. E, assim, a conseqüência é que posso ler o que já sei ler. Um problema semelhante foi levantado há 25 séculos, por um grande filósofo, Platão. No início de um de seus diálogos, o *Menão*, Platão levanta a questão: Como se pode aprender algo? Se eu já o conheço, não vou procurar aprender porque já conheço; se não o conheço, não vou procurá-lo, pois não o conheço. Essa dificuldade, o espírito humano viveu durante sua história filosófica, e cada um de nós a encontra, muitas vezes, quando se depara com uma nova matéria, uma nova dificuldade. Já encontrei, na universidade, na graduação, esta dificuldade. O estudante não aceita começar um trabalho por não saber bem como fazê-lo. O problema é que, para aprender a fazer algo, deve-se começar, tentar, pois é aos poucos que se aprende, no próprio processo de fazer. Há conseqüências práticas que decorrem desse resultado de pesquisa. Por exemplo: não se deve insistir com as crianças, com os alunos que vão aprender a ler, sobre o fato de que isso vai mudar suas vidas. "Você vai ver, tem uma vida antes de ler e terá outra vida depois de ler." Ao dizermos isso cavamos um fosso entre a situação atual de não saber e a situação futura de saber. Construímos um processo binário e depois é difícil ultrapassar esse fosso. Devemos dizer: "você já sabe ler um pouco" – o que é verdade, pois já podem ler o nome e algumas palavras –, "você vai aprender a ler mais coisas, mais rápido, vai ser uma descoberta, um prazer".

Descobrimos também que alguns jovens dizem que escutam a lição e outros dizem que escutam o professor. Em geral, os primeiros (os que dizem que escutam a lição) são bem-sucedidos e os últimos são fracassados. Escutar o professor é escutar um adulto dando explicações sobre o que se tem de fazer, trata-se de uma relação entre duas pessoas. E escutar a lição é escutar um adulto que está falando em uma terceira coisa (em um saber). É uma relação com três termos: o aluno, a professora e um terceiro termo – um saber. Também perguntamos: "Quando você não entende, o que você faz?". Os que "escutam a lição" respondem: "Vou tentar fazer sozinho, vou refletir e, se não conseguir, vou levantar a mão e perguntar ao professor". Os que "escutam o professor" respondem de imediato: "Eu levanto a mão pra pedir ajuda pro professor".

Existe uma diferença: escutar a professora é viver em um mundo em que tem um adulto que diz o que devo fazer. Escutar a lição é viver em um mundo em que existe o saber. Já na educação infantil é importante saber se o que estou fazendo é o que a professora disse ou se estou enfrentando uma outra situação.

APRENDER É MUDAR

Há também processos da família. Vou dar um exemplo: há um processo que chamo de heterogeneidade na continuidade e de continuidade na heterogeneidade. Há imigrantes que deixam o seu país ou a sua região para melhorar a sua vida. Muitas vezes não conseguem mudar muito e esperam que a mudança desejada aconteça com os próprios filhos, graças à escola. Estou dizendo que a escola dos filhos é o equivalente da migração dos pais. Se eu, imigrante, quiser que os meus filhos sejam bem-sucedidos em sua vida (o que muitas vezes vai dar sentido à minha migração porque eu não mudei a minha vida graças à migração, mas, talvez, graças à minha migração meus filhos possam ter uma vida melhor), eu devo aceitar que eles sejam diferentes de mim para serem bem-sucedidos na escola. É a heterogeneidade dentro da continuidade. Vou dar o exemplo de Malika, uma aluna de origem árabe, que nos disse:

– Eu não falo árabe.

Perguntamos:
– Você fala francês com seus pais?
– O problema é que minha mãe não fala francês.
– Como vocês estão fazendo?
– Ah, eu falo francês, ela responde em árabe, não tem problema!

Esse é um bom exemplo, porque há uma cumplicidade entre a mãe e a filha, entre mulheres que sofrem a dominação dos homens. Para uma mulher se liberar é mais fácil na França do que em um país árabe, ao menos um pouco, mas a mãe deve aceitar que a sua filha seja diferente dela. Malika explicou também que sua mãe prepararia uma carne, mas que não comeria por razões religiosas, apesar de prepará-la para os filhos. Os pais estão aceitando que os filhos sejam diferentes deles, porque essa é uma necessidade para que possam ser bem-sucedidos na escola. Trata-se de um processo de continuidade na heterogeneidade, que se encontra também nas histórias de migrações sociais. A conseqüência desse processo está em que o êxito escolar dos meus filhos é, para mim e também para eles, uma fonte de orgulho, mas também de sofrimento. Orgulho-me dos meus filhos terem conseguido uma boa situação social graças à escola. Mas, ao mesmo tempo, há o sofrimento: sendo os filhos tão diferentes de mim, não posso mais compartilhar a vida deles porque não há mais vida em comum. São interesses diferentes. Orgulho e sofrimento também.

Gostaria de salientar um último processo, embora existam outros: aprender é mudar, formar-se é mudar. Não se pode aprender sem mudar pessoalmente, porque, se estou aprendendo coisas que têm um sentido, vou mudar minha visão do mundo, minha visão da vida. Pelo menos um pouco. E se eu estiver *aprendendo* coisas que não têm nenhum sentido, não estou aprendendo e, por isso, vou esquecê-las depois da prova. Aprender é mudar. Isso é um problema para as famílias populares. Mudar é trair ou não é trair? Vou destacar o exemplo de um jovem que estava entrando no liceu, aqui corresponde ao ensino médio, e disse: "sou o último de todos os que entraram na escola infantil comigo. Todos desapareceram, estão fora da escola. Sou o último, mas os professores não vão ganhar de mim". Eles têm sim de ganhar dele porque se não aceitar mudar, vai fracassar. Não se pode aprender sem mudar. Coloca-se, então, a questão de saber: "Estou traindo? Estou traindo a minha mãe que não foi alfabetizada, ou não? Estou traindo os coleguinhas que estavam comigo na educação infantil, na 1ª série e que a escola excluiu? Estou traindo ou não os meus?" Esse é um problema muito importante.

Tem, além disso, outros processos psíquicos: encontramos jovens que não aceitavam que os seus pais fossem diferentes deles. Assim, Malika nos disse: "a minha mãe, ela não sabe ler, mas ela me ensinou muitas coisas". Malika pode ser bem-sucedida na escola sem trair a sua mãe que não sabe ler. Mas Karim, filho de imigrante argelino, nos disse: "o meu pai é um homem culto sem cultura, porque na Argélia ele é culto; na França, ele não vale nada, cuida do lixo". Karim não aceitava ter o pai que tinha. Ele escreveu uma mensagem para seu professor de francês, dizendo "professor, eu gostaria que você fosse o meu pai". O professor de francês fez uma boa intervenção: "você já tem um, eu não sou seu pai, mas se você quiser falar comigo como professor, ter uma conversa mais particular comigo, concordo, vamos conversar, mas você já tem um pai". Existem dificuldades entre os jovens dos meios populares em lidar com essas implicações psíquicas.

NOTAS

1. Em francês, não dizemos estudar (na escola), dizemos trabalhar (na escola). Há uma diferença entre o francês e o português. Também na França se diz seguir à lição, seguir o professor, enquanto no Brasil se diz acompanhar a lição, acompanhar o professor. Há diferenças entre as palavras e seus sentidos: na França tudo acontece como se os alunos estivessem correndo atrás do professor, atrás da lição.
2. Não entendo o porquê dessa denominação, uma vez que todas as entrevistas, em pesquisa, são semi-estruturadas.
3. Os estudos dos jovens pesquisados foram acompanhados durante um período de dois ou três anos.
4. Trata-se de uma revista local do INSEE, publicada em uma ilha francesa que se chama Ilha da Reunião, próxima ao sul da África.
5. Instituto Nacional de Estatística e de Estudos Econômicos.
6. Sociólogo francês, autor do livro *Sociologie de l'Expérience*, Paris: Seuil, 1994.
7. Para esses casos, na França, usa-se o termo *décrochage* escolar.

PARTE II
Os docentes e sua formação

4

Enquanto houver professores...
Os universais da situação de ensino*

Há alguns anos, uma de minhas orientandas, brasileira, defendeu uma tese sobre a relação com o saber dos professores do ensino fundamental de São Paulo. A tese estava boa, mas algo me perturbava: os discursos e os comportamentos desses professores de São Paulo pareciam-se muito com os dos professores franceses! Esta foi também, sem que houvéssemos conversado entre nós, a reação dos outros membros da banca. Levantei, então, a hipótese de que há universais da situação de ensino, e é essa idéia que explorarei neste capítulo.

Por "situação de ensino" entendo aquela que vemos mais freqüentemente: o professor trabalha em uma instituição, recebe um salário, tem colegas, deve respeitar um programa (ou um currículo) e dá aula para vários alunos, que são crianças ou adolescentes.

Por "universais", entendo características que estão relacionadas à própria natureza da atividade e da situação de ensino, quaisquer que sejam, aliás, as especificidades sociais, culturais, institucionais dessa situação. Trata-se de compreender por que os professores apresentam, em toda parte, um certo ar familiar, seja em sua relação com os alunos ou no olhar que lançam sobre eles, sobre si mesmo, sobre a forma como a sociedade os considera, etc. Estou consciente, obviamente, de que corro o risco de considerar como universais carac-

---

*Conferência proferida em novembro de 2003, em Montreal, e publicada em *La profession enseignante au temps des réformes* (org. Claude Lessard e Maurice Tardif), Éditions du CRP (Faculdade de Educação, Universidade de Sherbrooke, Quebec, Canadá), 2005.

terísticas que são, de fato, as do modelo ocidental, ou mesmo francês, de ensino. Este texto, no entanto, não pretende ser uma conclusão; mas, sim, levantar uma questão, abrir um debate.

OS UNIVERSAIS DA SITUAÇÃO DE ENSINO

Se há universais, eles devem enraizar-se em um fenômeno em si universal, e, já que se trata de educação, esse fenômeno deve estar relacionado com a condição humana. Partirei, portanto, do fato antropológico primeiro: nascer é entrar, inacabado, em um mundo que já está aí (Charlot, 1997). A humanidade (ou a "humanitude"), isto é, o que constitui o ser humano no que ele tem de específico, não é uma natureza que cada indivíduo traria em si no nascimento, é o que é produzido pela espécie humana ao longo de sua história. Como escreve Lucien Sève, ao comentar a VI tese de Marx sobre Feuerbach, "A *humanidade* (no sentido de 'o ser homem'), por oposição à *animalidade* ('o ser animal') não é um dado presente por natureza em cada indivíduo isolado, é o *mundo social humano*, e cada indivíduo *natural* se torna *humano* humanizando-se pelo processo de vida real no meio das relações sociais" (Sève, 1968). A educação é o processo pelo qual o pequeno animal que é gerado por homens se torna ele mesmo humano, apropriando-se de uma parte do patrimônio humano. Isso quer dizer que o "filhote" do homem é educável, que nasce aberto aos "possíveis" (tudo que ele pode vir a ser), que nasce disponível; a educabilidade é um postulado de qualquer situação de educação. Isso quer dizer também que cada um *se educa* por um movimento interno, o que só pode ser feito porque ele encontra um mundo humano já aí, que *o educa*. Essa dialética da interioridade e da exterioridade é um universal: quaisquer que sejam as sociedades e as épocas, não há educação senão por e nessa dialética.

A partir disso, é possível definir outros universais da situação de ensino.

Em primeiro lugar, ninguém pode aprender sem uma atividade intelectual, sem uma mobilização[1] pessoal, sem fazer uso de si.[2] Uma aprendizagem só é possível se for imbuída do desejo (consciente ou inconsciente) e se houver um envolvimento daquele que aprende. Em outras palavras: só se pode ensinar a alguém que aceita aprender, ou seja, que aceita investir-se intelectualmente. O professor não produz o saber no aluno, ele realiza alguma coisa (uma aula, a aplicação de um dispositivo de aprendizagem, etc.) para que o próprio aluno faça o que é essencial, o trabalho intelectual. Os professores conhecem bem a experiência de estar diante de um aluno que não compreende algo, embora seja "tão simples"; eles gostariam de poder "entrar" na cabeça do aluno para fazer o trabalho em seu lugar, mas é impossível. Esse sofrimento profissional do professor diante de uma barreira intransponível constitui uma verdadeira experiência metafísica, a da alteridade radical entre dois seres que são, aliás, parecidos. Que ninguém possa aprender no lugar do outro significa igualmente que à dependência do aluno em relação ao mestre responde a contra-dependência do mestre em relação ao aluno. É o mestre que tem o saber e o poder, mas é o aluno que detém a chave última do sucesso ou do fracasso do ato pedagógico. Tal situação tende a desenvolver no professor atitudes vitimárias e discursos acusatórios: o professor se sente profissionalmente vítima da ausência de mobilização intelectual do aluno.

A educação supõe uma relação com o Outro, já que não há educação sem algo de externo àquele que se educa. Este é um outro universal da situação de ensino. Aquele Outro é um conjunto de valores, de objetos intelectuais, de práticas, etc.; é também um outro ser humano (ou vários). Este tem vários estatutos. Assim, o docente é, ao mesmo tempo, um sujeito (com suas características pessoais), um representante da instituição escolar (com direitos e deveres) e um adulto encarregado de transmitir o patrimônio humano às jovens gerações (o que é uma função antropológica). Essa pluralidade de estatutos produz inevitavelmente uma certa ambigüidade, ou mesmo confusão. Essa confusão aparece quando os alunos explicam que eles "amam" uma matéria porque "amam" o professor que a ensina, ou quando o próprio professor declara que os alunos têm necessidade de serem amados, sobretudo os alunos de meios populares. Nesse caso, a relação afetiva de pessoa para pessoa (relação de amor, de sedução, de ódio, etc.) oculta o que há de específico na relação de ensino: é uma relação entre duas gerações, a que entra na vida e a que traz um patrimônio "já aí". O que os alunos e, às vezes, os próprios professores interpretam como relação afetiva é, de fato, uma relação antropológica: o jovem precisa do adulto, está à espera da palavra deste, da transmissão de uma experiência humana, enquanto o próprio adulto se sente comovido frente à nova geração, quer cuidar dela, precisa lhe transmitir uma herança humana.

O ser humano existe igualmente na forma dos objetos, das práticas, das obras, dos conceitos, das significações (Vigotski), das relações, dos valores, construídos coletivamente pelos próprios seres humanos ao longo de sua história, ou seja, na forma de um patrimônio, no sentido amplo do termo. Ninguém pode se apropriar da totalidade do patrimônio humano (eu sei poucas coisas sobre a civilização chinesa tradicional, sobre a arte africana, sobre os métodos de sobrevivência dos povos do Ártico ou sobre a vida dos camponeses franceses de hoje). O ser humano se humaniza apropriando-se apenas de uma parte do patrimônio humano, a que o faz se tornar um ser humano de tal época, de tal sociedade e mesmo de tal classe social. O ensino não transmite "o" patrimônio humano, ele transmite uma parte deste, em formas específicas. Temos aí um novo universal da situação de ensino. Por isso mesmo, o professor (ele mesmo ou a instituição que representa) é sempre contestável: Por que ensina mais isso do que aquilo? É sua legitimidade que está sempre em jogo. "Para que serve isso?", perguntam os alunos. "Para que serve a álgebra?" "Para que serve a história, que ensina velhas coisas que aconteceram quando não tínhamos nem mesmo nascido, e, aliás, ninguém havia nascido, portanto, não se pode saber se é verdade?" E de um modo radical: Para que serve a escola (conseqüentemente, também o professor), já que a "vida real" é lá fora? É em sua legitimidade antropológica que o professor é, desse modo, sempre ameaçado.

A educação é um triplo processo de humanização (tornar-se um ser humano), de socialização (tornar-se membro de tal sociedade e de tal cultura) e de singularização (tornar-se um sujeito original, que existe em um único exemplar – independentemente de sua consciência como tal). As três dimensões do processo são indissociáveis: não há ser humano que não seja social e singular, não há membro de uma sociedade senão na forma de um sujeito humano, e não há sujeito singular que não seja humano e socializado. O professor faz parte desse triplo processo, é formador de seres humanos, de membros de uma sociedade, de sujeitos singulares. No plano teórico, não há problema, mas na prática, não é tão simples, pois essas três dimensões podem entrar em conflito e, com isso, o professor passará a sofrer constantes pressões para privilegiar tal dimensão mais do que outra. Deve, pois, aceitar em sua aula uma aluna que esteja com o que chamamos de véu islâmico? Sim, por respeito às especificidades culturais. Não, pois esse véu atinge a dignidade das mulheres, portanto do ser humano. Mas, sim, deve aceitar, pois essa jovem tem o direito, com o sujeito, de escolher e de afirmar seus valores religiosos. Na verdade, não, pois ela não pode ter escolhido livremente usar o símbolo de sua submissão. E podemos continuar assim nessa partida de pingue-pongue entre humanização, socialização e subjetivação...

O professor, enfim, ensina em uma instituição estando sob o controle e o olhar de autoridades hierárquicas e de colegas, com restrições de espaço, de tempo, de recursos. Essas restrições variam segundo as situações de ensino, mas aí também se encontra um universal: a instituição gere. Ela pode gerir de diversas formas, mas há uma constante: ela gere. Ora, a lógica da administração não é a da educação ou a do ensino. Gerir é prever, organizar, racionalizar, categorizar, submeter a critérios homogêneos. O ideal da gerência é o da perfeita transparência e do total domínio. Ora, por sua própria natureza, o ato de ensino implica uma outra lógica: o professor não pode gerir racionalmente um ato cujo sucesso depende da mobilização pessoal do aluno, mobilização cujas forças são sempre um tanto obscuras.

Esses são os universais da situação de ensino. Enquanto houver professores, esses princípios serão aplicados. Cada um deles está nos dizendo que o ensino é feito em uma situação de tensão. Ensinar não é uma tarefa serena, não há idade de ouro do professor (exceto por ilusão retrospectiva). Mas esses universais nos permitem compreender melhor por que, no mundo inteiro e em todas as épocas, os professores vivem como profundamente legítimos e, ao mesmo tempo, sempre ameaçados. São profundamente legítimos, pois são transmissores de humanidade, portadores do essencial. Sentem-se, porém, ameaçados, malconsiderados, injustamente suspeitos, culpabilizados, pois são, por sua própria situação, tomados em um conjunto de imposições contraditórias e de tensões que os fragilizam.

Essas tensões e contradições fazem parte da própria situação de ensino. Mas tomam formas específicas conforme as épocas e as sociedades. O que representa isso atualmente, em uma época em que o ensino é considerado como uma profissão, em sociedades em mutação?

O PROFESSOR E O NOVO MODELO SOCIOESCOLAR

É bastante arriscado falar do professor nas *sociedades* atuais, na medida em que a situação do ensino, dos sistemas escolares e dos próprios professores varia muito de país para país. Entretanto, parece-me que existe um movimento de base, na escala do longo tempo da história, que afeta a situação de todos os professores, no mundo inteiro: a abertura do ensino a alunos que, outrora, não teriam acesso a ele. Essa abertura pode ocorrer em níveis diversos: é uma generalização do ensino fundamental nos países mais pobres (na África, por exemplo), uma generalização do ensino médio e uma abertura do ensino superior nos países mais ricos (como na França), uma combinação de todos esses fenômenos nos países ditos emergentes (no Brasil, por exemplo). Porém, em todos os casos há um movimento para o que as organizações internacionais chamam de *educação para todos*. É esse movimento que as distintas reformas do ensino buscam acompanhar e é, portanto, a respeito dele que se deve pensar para compreender a profissão de educador em tempos de reformas.

Essa abertura do ensino está articulada a dois outros fenômenos. Por um lado, instaurou-se um vínculo cada vez mais estreito entre o nível de escolarização do indivíduo e seu nível de inserção profissional: um cargo de direção, um cargo qualificado e mesmo um cargo simplesmente, qualquer que seja, é acessível somente a quem possui um diploma de certo nível (que varia de acordo com o nível médio de escolarização da população). Por outro lado, é afirmada, de maneira insistente, a exigência de um sucesso escolar de todos os alunos, exigência expressa pelos pais e pelos poderes públicos.

Cada uma dessas três evoluções representa, em si, um progresso da democracia: é democrático abrir o ensino a todos; atribuir os empregos de acordo com os diplomas, e não em função das relações sociofamiliares; considerar que qualquer aluno tem direito ao sucesso escolar. O problema é que esses três princípios não são compatíveis. Só se pode abrir os ensinos médio e superior a todos, com exigência de um sucesso de todos os alunos, se não afirmarmos, ao mesmo tempo, que todos terão cargos correspondentes a seus diplomas – o que seria prometer a todos cargos de chefia. Pode-se, evidentemente, abrir o ensino a todos e garantir cargos que correspondam aos diplomas, mas contanto que nem todos sejam bem-sucedidos (é o que foi chamado na França de elitismo republicano). Pode-se igualmente visar ao bom desempenho escolar de todos os alunos e garantir cargos que correspondam aos diplomas, desde que nem todos entrem no ensino médio ou superior (o que era a solução clássica). Dois a dois, tais princípios são compatíveis, mas não os três simultaneamente, é preciso sacrificar um. Esse é o problema, de qualquer forma, em uma sociedade hierarquizada. A contradição desaparece, ou de qualquer maneira é amenizada, em uma sociedade em que não há senão cargos de trabalho qualificados, igualmente desejáveis (ou quase) do ponto de vista salarial, das condições de trabalho e do prestígio social. Mas nossas sociedades são hierarquizadas e não se encontram, muito antes ao contrário, em vias de desierarquização.

As sociedades atuais estão, portanto, instaurando um modelo socioescolar em si contraditório. Ora, é o professor que deve acolher esses novos tipos de alunos e fazê-los vencer. Isso em si não é impossível, já que, como vimos, os princípios são compatíveis dois a dois. O professor não tem a responsabilidade de garantir um emprego correspondente ao nível de estudos, o que lhe evita ser posto diretamente frente à contradição central do modelo socioescolar. Os alunos, porém, esperam que a escola, acima de qualquer outra coisa, lhes permita "ter um bom emprego no futuro", segundo suas palavras, de modo que o professor se depara, apesar de tudo, indiretamente com essa contradição central; ele se depara com ela como agente social e como agente cultural (ou pedagógico).

O professor é "agente social", para utilizar o termo de Bourdieu. Isso não é novidade, sempre foi assim. Porém, não faz muito tempo, ele tinha como tarefa ensinar a alunos os quais se considerava normal que tivessem mais tarde a mesma posição social que seus pais ou a mais próxima possível (Charlot e Figeat, 1985). O que é novo é que essa futura posição social está hoje em jogo no interior da própria escola: quem quer ter mais tarde uma posição desejável deve ser um bom aluno. É claro que os sociólogos mostraram que o próprio sucesso escolar está, estatisticamente, relacionado à posição social dos pais. Mas se trata, nesse caso, de uma relação estatística, e não de uma determinação causal: a escola não registra de forma automática as diferenças sociais; ela transforma desigualdades *sociais* entre *crianças* em desigualdades *escolares* entre *alunos*. Nessa transformação, tudo permanece possível, de modo que tanto a criança de família favorecida como a de família popular vê na escola a possibilidade de um futuro melhor (Charlot, Bautier e Rochex, 1992).

Em nossas sociedades, a escola e, portanto, o professor são o símbolo da igualdade (a escola é aberta a todos) e, ao mesmo tempo, um operador de desigualdades. Essa ambivalência é expressa pela noção de igualdade de oportunidades. É um princípio igualitário: todos devem ter igualmente acesso à escola. Mas é também um princípio de desigualdade: de quais oportunidades se trata, de fato, senão daquelas de ficar do lado bom em uma sociedade desigual? O princípio de igualdade de oportunidades implica, ao mesmo tempo, a igualdade de partida e a desigualdade de chegada. A questão, porém, continua sendo saber de onde vêm as desigualdades de sucesso na chegada se havia igualdade na partida... A resposta implícita, encontrada no fundo de todos os discursos sobre a igualdade de oportunidades, é que há desigualdades naturais entre os homens – de modo que a desigualdade de sucesso entre alunos é o efeito conjugado da igualdade das oportunidades e das desigualdades naturais entre crianças.

Quem deve realizar, concretamente, essa igualdade de oportunidades? O professor. Ele carrega o princípio de igualdade de todos perante a escola. Esse princípio converge para com aquele da educabilidade de cada ser humano, aberto a todos os possíveis. O professor deve, no entanto, também dar conta da desigualdade de sucesso entre alunos, que se manifesta ao término de seu trabalho. Ele afasta, evidentemente, a idéia de que é o seu trabalho que produz as desigualdades de sucesso: ao contrário, ele dá atenção a todos, ele dá até um pouco mais de atenção àqueles alunos com dificuldade, especialmente aos alunos de meio popular, de modo que, se é desigualitário, é de forma democrática, por compensação. Mas então, de onde vem o fracasso de certos alunos, especialmente dos alunos de famílias de classes populares? Três respostas são, nesse caso, possíveis.

A primeira resposta é aquela que está implícita nos discursos sobre a igualdade das oportunidades: há alunos mais ou menos dotados, e o professor não pode fazer nada a respeito. Entretanto, existe aí um ponto de conflito ideológico para o professor, pois a idéia de dom entra em contradição com a de educabilidade de qualquer ser humano. Se a idéia de dom é tão presente no meio educacional a ponto de resistir a todas as análises contrárias dos pesquisadores, é porque constitui uma forma de teorização da experiência de ensino, forma que, além disso, protege, no caso do professor, a imagem de si mesmo: tentei de tudo com este aluno, mas nada funciona; não posso fazer nada, ele não é dotado.

A segunda resposta é que certos alunos sofrem de "deficiências socioculturais", de carências, que estão relacionadas a suas condições de vida familiares e sociais. São vítimas do baixo nível cultural de seus pais, das más condições de trabalho em casa, da violência do bairro, das drogas, da televisão, enfim, de tudo o que contraria os esforços dos professores. Essa resposta permite salvar a idéia de educabilidade. No entanto, induz a uma outra forma de conflito ideológico, pois tende a desvalorizar as famílias populares das quais o professor, historicamente, se torna muitas vezes o aliado e o protetor. Essas próprias famílias, porém, não são responsáveis, são vítimas de uma sociedade injusta (contando, todavia, que elas aceitem a proteção do professor, isto é, que dêem prova de boa vontade em relação à escola; pois, caso contrário, caem na categoria dos "maus pais"). Se as idéias de deficiência ou de carência são tão resistentes no meio educacional, é porque constituem também uma forma de teorização da experiência de ensino e de proteção da imagem de si por parte do professor.

A terceira resposta é que se os alunos fracassam, é porque a escola é capitalista, burguesa, reprodutora, e o sistema foi estabelecido para que os alunos de meios populares fracassassem. É também porque a sociedade não dá à escola e aos professores os meios necessários para que todos os alunos obtenham sucesso. Existe aí uma outra fonte de conflito ideológico, pois a escola assim denunciada é mesma à qual os professores estão, por outro lado, vinculados. Essa explicação apresenta também, no entanto, a vantagem de designar um culpado, um responsável pelo fracasso dos alunos e, ao mesmo tempo, pelas dificuldades do trabalho educacional no dia-a-dia.

Entre essas três respostas, os professores, em geral, não escolhem, eles põem em questão as três ao mesmo tempo, sem qualquer preocupação de coerência teórica. Os alunos são mais ou menos dotados, são vítimas de deficiências socioculturais e a sociedade também não dá, por outro lado, os meios aos professores para compensarem essas deficiências, ficando, na verdade, satisfeita com o fracasso dos alunos de meio popular. Nessa situação, nem os alunos, nem as famílias, nem os próprios professores são *culpados*; são vítimas que têm o mesmo adversário: uma sociedade injusta, desigual, que abandona sua escola e não valoriza suficientemente seus professores. Assim, constitui-se uma ideologia socioprofissional que resiste a todos os questionamentos e a todos os desmentidos da pesquisa (sobre a questão dos dons, sobre a noção de deficiência sociocultural, sobre o caráter automático da reprodução social). Ela resiste porque constitui uma teorização da situação vivida pelos professores, teorização "confirmada" cotidianamente pela experiência destes.

A fragilidade do professor é, como vimos, um efeito da própria situação de ensino, é uma conseqüência dos universais que analisamos. Também é universal essa posição desconfortável de ter de dar conta dos efeitos de um trabalho cuja eficácia depende do investimento do próprio aluno – daí a importância do tema da culpabilidade no discurso educativo, que é espontaneamente autojustificativo. Essa fragilidade e esse desconforto se tornam ainda cada vez maiores em uma sociedade em que todos têm acesso à escola, em que todos devem passar de ano e em que o fracasso escolar pesa tão fortemente na vida futura do aluno. O professor fica, então, submetido a uma tensão máxima, que aumenta sua angústia e, ao mesmo tempo, endurece seu discurso autojustificativo e acusatório.

Não se trata somente de uma tensão ideológica, trata-se também de uma tensão profissional cotidiana, da qual o professor sofre como agente cultural, como veremos agora.

PROCEDA COMO BEM ENTENDER, MAS RESOLVA OS PROBLEMAS...

O professor é um agente social, mas também um agente cultural. É através de sua função cultural que ele exerce sua função social, explica Bourdieu; é ensinando que contribui para a reprodução social. É verdade, mas esse enunciado pode ser invertido: o professor, ao mesmo tempo que contribui para a reprodução social, transmite saberes, instrui, educa, forma. Não se pode socializar sem que disso, ao mesmo tempo, resulte uma certa forma do humano e do sujeito. O movimento de abertura da escola apresenta, pois, simultaneamente, efeitos sociais, culturais e pedagógicos.

A abertura da escola implica, inicialmente, o problema do modo de gerência das diferenças entre alunos e coloca os professores diante de um dilema: ou bem eles aceitam uma lógica de hierarquização, ou bem devem enfrentar a dificuldade profissional da heterogeneidade entre alunos. A hierarquização pode tomar diversas formas: entre redes escolares (pública e privada), entre estabelecimentos no âmbito do ensino público, entre turmas no âmbito do estabelecimento, entre grupos de níveis distintos dentro da turma. Os professores são, geralmente, renitentes em relação a essa hierarquização, pouco compatível com a idéia de que os seres humanos nascem todos disponíveis à educação e com aquela, simétrica a esta, de que o saber é para todos. Talvez também porque resulta em fenômenos de hierarquização entre os próprios professores. Recusar a hierarquização, porém, é aceitar o duro desafio pedagógico das turmas heterogêneas. Ora, os professores têm muita dificuldade em aceitar esse desafio, a tal ponto que são hoje mais abertos à idéia de hierarquização. E são ainda mais, principalmente, na medida em que as políticas públicas de luta contra a reprovação escolar aumentam a heterogeneidade das turmas: como ensinar em turmas em que se aceita alunos que não têm o nível mínimo para acompanhar o ensino?

Na escala histórica, porém, é um outro fenômeno que merece atenção: os alunos não vão mais à escola para aprender, mas para "ter um bom emprego no futuro". É este o fenômeno fundamental, verificado em vários países, por outro lado, muito diferentes (como, por exemplo, França, Brasil, Inglaterra, República Tcheca), fenômeno que resulta diretamente do novo modelo socioescolar analisado anteriormente (Charlot, 2001). Os alunos vão à escola para "passar", depois passar novamente, ter um diploma, conseqüentemente, um emprego, conseqüentemente, uma "vida normal" e mesmo, se possível, uma "vida boa". Em si, não há novidade nenhuma aí, e é mesmo um pensamento realista. Eu também fui à escola para ter um bom trabalho no futuro. A novidade é que um número crescente de alunos, particularmente nos meios populares, vão à escola somente para ter um bom emprego no futuro, estando a idéia de escola desvinculada da idéia da aquisição do saber. Na escola, é preciso aprender o que ela impõe para que tenhamos um diploma – e este é o único sentido daquilo que se aprende. O saber não é mais sentido, prazer, é apenas obrigação imposta pela escola (e pelo professor) para se ter direito a uma "vida normal". Em outras palavras, o valor de uso do saber desapareceu então completamente, não há mais senão o valor de troca do diploma no mercado do trabalho.

Junto a esse fenômeno, para muitos alunos, está a idéia de que aquele que é ativo no ato do ensino/aprendizagem é o professor, e não o aluno. Este deve ir regularmente à escola, não fazer (muitas) besteiras lá, ouvir o professor, etc. Com isso, então, ele fez sua parte e o que acontecer daí por diante depende do professor. Se este explica bem (qualidade número 1 do bom professor, segundo os alunos), o saber "entra na cabeça" do aluno e este pode "passar". Se o aluno não sabe, mesmo tendo escutado, o problema é do professor, que explicou mal – e, aos olhos do aluno, é um absurdo que ele tenha uma nota ruim e não passe, uma vez que é o professor que não fez direito o seu trabalho. A idéia de que o saber é o resultado da atividade intelectual do próprio aluno perdeu sua evidência em muitas escolas. Ora, essa idéia é um universal da situação de ensino, é um princípio sem o qual essa situação deixa de fazer sentido. É, efetivamente, o que acontece hoje em um número crescente de escolas: a situação de ensino não tem mais o mesmo sentido para o aluno e para o professor, e para ambos ela chega ao absurdo.

Nessa situação, o professor se depara com imposições que são propostas a fim de ajudá-lo, mas que, freqüentemente, apenas aumentam sua perplexidade.

Em primeiro lugar, a imposição construtivista. Em si, essa imposição tem fundamento, uma vez que é o aluno quem deve aprender e que não se pode aprender em seu lugar. Mas isso supõe que o aluno entre em uma atividade intelectual; ora, é exatamente isso que gera problema. Por isso, a imposição construtivista, longe de resolver a dificuldade do professor, acentua seu sentimento de que se tornou impossível ensinar.

Em segundo lugar, a imposição da abertura da escola e da parceria. Essa imposição é, ao mesmo tempo, pouco clara, fundamentada e desestabilizadora. É pouco clara porque há formas não somente diferentes como também, às vezes, contraditórias de se abrir uma escola (inclusive permanecendo entre as paredes da escola, sem intervenções externas...). Ela tem fundamento se se trata de dar vida ao que se ensina nela, para sair da oposição – muito forte entre muitos alunos – entre "aprender na escola" e "aprender na vida". É desestabilizadora na medida em que certas formas de abertura e de parceria contribuem para ocultar a especificidade da escola, do que nela se aprende, da maneira como nela se aprende e como nela se deve comportar.

Em terceiro lugar, a imposição de se individualizar o ensino e de colocar o aluno "no centro". Visto que a atividade intelectual do aluno é central no processo de aprendizagem, é legítimo prestar maior atenção a ela, no que ela tem de singular. Não se deve esquecer, porém, que essa atividade de aprendizagem permite a apropriação do "já aí" e que não há educação sem algo de externo àquele que se educa. Colocar o aluno no centro, sim, mas no centro de quê? O que há em torno desse centro ocupado pelo aluno? A dificuldade, atualmente, não é colocar o indivíduo no centro, é permitir que esse indivíduo viva como sujeito. A sociedade atual tende a colocar o indivíduo no centro, mas também a abandonar o sujeito. Os Grandes Imaginários, os Grandes Simbólicos que permitiam ao sujeito, há algum tempo, estruturar-se (o Progresso, o Socialismo, o Comunismo, etc.) não têm mais expressão, e o sujeito pode escolher entre fazer de sua própria vida uma obra e, se possível, expô-la na televisão (nos programas do tipo Big Brother ou nos debates sobre as escolhas sexuais de cada um) ou aderir às formas coletivas e regressivas do fundamentalismo religioso ou nacionalista. É difícil ver como a individualização permite ao aluno compreender que os saberes são o produto da aventura coletiva da humanidade, e não simples conteúdos de provas nas quais se deve passar para ter uma vida boa no futuro.

Em quarto lugar, a imposição de preparar o aluno para viver em "uma sociedade do saber", que supõe o domínio das novas tecnologias da informação e da comunicação. Esse domínio é socialmente importante e essas tecnologias são instrumentos preciosos para se ter acesso a um patrimônio de informações ampliado. Mas informação não é saber, ela se torna saber quando contribui para o esclarecimento do sujeito sobre o sentido do mundo, da vida, de suas relações com os outros e consigo mesmo. É possível que estejamos hoje começando a entrar em uma sociedade da informação e a sair de uma sociedade do saber... No âmbito pedagógico, o problema é precisamente que os alunos tendem a considerar o que lhes é ensinado como informações úteis para as provas, e não como saberes e como fontes de sentido e de prazer.

Em quinto lugar, a imposição final dirigida aos professores: proceda como bem entender, mas resolva os problemas! Na verdade, o tempo das reformas já passou. Era um tempo bastante confortável em que a autoridade mudava as regras do jogo pedagógico e solicitava aos professores para que aplicassem as novas regras. Quando estas não funcionavam bem, era sempre possível imputar a responsabilidade à autoridade que havia implantado a reforma – mesmo que, na verdade, os professores tivessem reinterpretado essa reforma para esvaziá-la de sua essência... Não estamos mais no tempo das reformas, mas no tempo da iniciativa e da inovação. O que se pede hoje aos professores é que resolvam os problemas encontrando as soluções (inovação) e mobilizando os recursos necessários (parceria). É nesse sentido que o ensino não é mais definido nem como missão (legada a um clero laico), nem como uma função (garantida por funcionários), mas como uma profissão (exercida por pessoas formadas, capazes de resolver os problemas de uma maneira especializada).

O problema é que ensinar não é somente transmitir, nem fazer se aprender saberes. É, por meio dos saberes, humanizar, socializar, ajudar um sujeito singular a acontecer. É ser portador de uma certa parte do patrimônio humano. É ser, você mesmo, um exemplar do que se busca fazer acontecer: um homem (ou uma mulher) que ocupa uma posição social, que existe na forma de um sujeito singular. Ensinar é preencher uma função antropológica. Que para isso seja preciso competências específicas, uma certa especialização, é verdade; mas pode-se, no entanto, considerar que se trata de uma profissão? Minha tentação é, evidentemente, responder que não. Apesar disso, deixarei a questão em aberto, pois, contudo, também o médico ou o advogado, que não se hesita em considerar como profissionais, trabalham o humano, o subjetivo e o social...

O problema é igualmente que esse profissional do ensino deve trabalhar em condições de espaço, de tempo e de tamanho dos grupos, que foram concebidos para missionários ou funcionários do ensino. A lógica da gerência é aqui dominante: o professor deve curvar-se às decisões do administrador e gerir ele mesmo sua aula de maneira eficaz. A gerência venceu definitivamente o ensino quando este foi construído em referência à avaliação. É o caso, especialmente, quando as avaliações por questões de múltipla escolha (às vezes desde as séries iniciais do ensino fundamental) levam os alunos e os próprios professores a dar prioridade à rápida assimilação de informações.

O problema é, finalmente, que, para ajudar os professores a enfrentar as novas situações de ensino, oferece-se a eles hoje uma formação de tipo universitário em que predomina um acúmulo de conteúdos disciplinares. Esses conteúdos não são inúteis (não há boa pedagogia sem um bom conhecimento dos conteúdos ensinados), mas não se vê realmente em que eles permitem aos professores resolver os problemas com os quais são confrontados.

O que se deve fazer? É evidente que não sei: se tivesse a solução, já teria dito, e isso se saberia... Mas penso que estamos vivendo um conjunto de mutações que transformam não somente nossas sociedades mas também as formas de ser homem/mulher e de ser sujeito. Quatro fenômenos, relacionados entre si, parecem-me ter uma importância fundamental.

Primeiro, as práticas sociais incorporam hoje saberes mais numerosos e qualitativamente diferentes dos saberes que elas incorporavam outrora: informações, saberes-códigos, saberes-sistemas.[3] É nesse sentido que se pode falar de uma sociedade do saber: uma sociedade na qual não se pode viver à vontade a não ser que se domine práticas (inclusive de consumo) que incorporam certas formas novas de saberes e de relações com os saberes.

Segundo, isso significa também que a própria natureza do vínculo social está mudando. O que define a pertença a um grupo é cada vez menos o compartilhamento de um certo número de valores e cada vez mais formas de interdependência nas quais os saberes desempenham um papel fundamental. Trata-se hoje de encontrar um lugar no grupo humano, e esse lugar é encontrado em função dos saberes (atestados por diplomas e confirmados por uma experiência profissional) que podem ser úteis ao grupo. De resto, posso acreditar no que quiser, viver como quiser, praticar a sexualidade que me convém.

Terceiro, esse novo tipo de vínculo social acarreta uma redefinição da subjetividade. O sujeito é valorizado, mas na esfera do privado, do íntimo, mais como sujeito estético do que como sujeito político ou ético. Não há lugar para o sujeito na esfera social (exceto, evidentemente, no domínio do espetáculo), nessa esfera reina o "profissional" e o "parceiro".

Quarto, a interdependência ganha uma dimensão mundial. Esse fenômeno de globalização, simultaneamente, multiplica as formas de mestiçagem (entre culturas, sexos, faixas etárias, etc.), apaga assim as especificidades culturais e abre, portanto, a porta para a uniformização cultural pelos produtos culturais anglófonos. Essa globalização constitui uma nova etapa da dominação dos mais fracos pelos mais fortes e, ao mesmo tempo, uma possibilidade de construir novas formas de solidariedade entre os seres humanos.

É exatamente a definição do humano e do sujeito que está em jogo atualmente, e não simplesmente novas formas de organização das sociedades. Nessa mutação, a questão da educação e a da cultura são elementos essenciais. Esse movimento profundo na escala da história humana se desenvolve com uma escola, com formas de ensino e com tipos de professores que correspondem a uma outra época. Segue-se um acúmulo de contradições, que são cada vez mais vivas. A história mostra que, em uma situação desse tipo, rupturas, mais ou menos brutais, acabam acontecendo e que um outro modelo substitui o antigo. O que será esse modelo, o que será amanhã o ensino, o que será o professor e mesmo se haverá ainda professores, ninguém sabe e, bem no fundo, ninguém se arriscaria a profetizar a respeito.

NOTAS

1. Prefiro o termo *mobilização* ao *motivação*: mobiliza-se do interior, enquanto fica-se motivado pelo exterior. O termo *mobilização* ressalta o motor interno da atividade, a dinâmica pessoal.
2. Tomo essa expressão de Yves Schwartz (1988).
3. Sem que, no entanto, desapareçam os saberes contextualizados e construídos em uma experiência coletiva (cf. Yves Schwartz, 1988).

REFERÊNCIAS

CHARLOT, B. *Du Rapport au savoir. Éléments pour une théorie*. Paris: Anthropos, 1997. (Publicado em língua portuguesa pela Artmed: *Da relação com o saber: elementos para uma teoria*. Porto Alegre, 2000.)

CHARLOT, B. (dir.) *Les jeunes et le savoir. Perspectives internationales*. Paris: Anthropos, 2001. (Publicado em língua portuguesa pela Artmed: *Os jovens e o saber: perspectivas mundiais*. Porto Alegre, 2001.)

CHARLOT, B.; FIGEAT, M. *Histoire de la formation des ouvriers (1789-1984)*. Paris: Minerve, 1985.

CHARLOT, B.; BAUTIER, É.; ROCHEX, J.-Y. *École et savoir dans les banlieues... et ailleurs*. Paris: Armand Colin, 1992.

SCHWARTZ, Y. *Expérience et connaissance du travail*. Paris: Messidor, Éditions sociales, 1988.

SÈVE, L. *Marxisme et théorie de la personnalité*. Paris: Éditions sociales, 1968.

5

Ensinar, formar: lógica dos discursos constituídos e lógica das práticas*

"Ensinar" e "formar" são dois termos já antigos, posto que apareceram no francês, respectivamente, no fim do século XI e na metade do século XII. Ensinar deriva de "insignire" (ou "insignare"): sinalizar; formar deriva de "formare": dar forma. Entretanto, a partir da segunda metade do século XIX, e ainda hoje, o termo "formação" remete à "formação profissional". Ele não se impôs com essa restrição sem dificuldade, uma vez que subsiste o termo "aprendizagem", que era empregado no tempo das corporações, e que são igualmente empregadas as expressões "ensino profissional" e "educação profissional". Mas essa ancoragem da palavra "formação" no universo da profissão nos fornece um primeiro ponto de referência.

---

*Este texto retoma uma intervenção feita no seminário de formação dos "Animadores" do IUFM, organizado em junho de 1990 por Jacky Beillerot e Gérard Malglaive. Foi publicado originalmente na revista *Recherche et Formation* n° 8, em outubro de 1990, pelo INRP (Institut National de Recherche Pédagogique), em Paris. O texto foi traduzido para o português por Nelson Barros da Costa (DLV – UFC) e Fátima Vasconcelos da Costa (FACED – UFC) e publicado na revista *Educação em debate*, n° 41, ano 2001, FACED, Edições UFC.

DIRECIONAR OS OLHOS DA ALMA PARA O SABER, DOTAR O INDIVÍDUO DE COMPETÊNCIAS

Ensina-se um saber, forma-se um indivíduo.

A idéia de ensino implica um saber a transmitir, quaisquer que sejam as modalidades de transmissão, que podem ser magistrais ou passar por processos de "construção", de "apropriação". Ela faz referência, ao menos implicitamente, a um modelo de três termos: o saber a ser adquirido, que é o objetivo, o ponto de referência do processo, sua razão de ser; o aluno ou, se preferir, o aprendiz; o mestre, cuja função é servir de mediador entre o aluno e o saber, "sinalizar", como indica a etimologia, direcionar os olhos da alma para o saber, como dizia Platão. A lógica do ensino é aquela do saber a ser ensinado, do saber constituído em sistema e discurso que tem uma coerência própria (em "logos", diziam os gregos). A coerência do discurso é, então, interna: o que dá pertinência a um conceito é o conjunto das relações que ele mantém com outros conceitos em um espaço teórico, relações constitutivas desse conceito.

A idéia de formação implica a de indivíduo que se deve dotar de certas competências. O conteúdo e a natureza mesma dessas competências podem variar segundo o tipo de formação e o momento histórico: em 1950, as empresas definiam a formação profissional pelas capacidades específicas determinadas a partir da análise da função no trabalho; em 1990, elas põem em destaque a transferibilidade, a adaptação, a flexibilidade da mente e das condutas. Mas, seja qual for a maneira pelas quais essas competências são determinadas, elas serão sempre definidas em referência a situações e a práticas. Formar alguém é torná-lo capaz de executar práticas pertinentes a uma dada situação, definida de maneira restrita (função no trabalho) ou ampla (em referência a um setor de trabalho encarregado de um processo de produção). Práticas pertinentes em relação a quê? A um fim que se deve atingir. O indivíduo formado é aquele que, através de suas práticas, é capaz de mobilizar os meios e as competências necessárias (as suas, mas também eventualmente as dos outros) para atingir um fim determinado em uma situação dada. A prática é direcionada: o que lhe dá pertinência é uma relação entre meio e fins. A prática é contextualizada: ela deve poder controlar a variação; não apenas aquela previsível, normatizada, mas a variação como minivariação, como desvio da norma, como acaso, como expressão da instabilidade inerente e irredutível de qualquer situação.

A lógica da formação é aquela das práticas, por definição contextualizadas e organizadas para atingir um fim, enquanto a lógica do ensino é a dos discursos constituídos em sua coerência interna. O formador é o homem (ou a mulher) das mediações; o professor,[1] aquele dos conceitos. O formador é o homem das variações; o professor, aquele dos saberes constituídos como referências estáveis. O formador é o homem das trajetórias; o professor é o das aquisições acumuladas em patrimônio cultural. Por suas características parmenidianas, o professor participa de alguma maneira do sagrado; enquanto o formador, por sua natureza heraclitiana, pertence ao mundo do profano, aquele das necessidades e do tempo que passa.

Entretanto, por útil que seja essa primeira referência, é necessário evitar cristalizar a diferença entre ensino e formação. Com efeito, esses termos não se referem a essências eternas, mas a atividades sociais, de tal maneira que suas definições não são estáveis, que seus limites não são precisos, que seus domínios podem se recobrir parcialmente. Além disso, seria preciso introduzir outros termos no debate: "educação", "instrução", "cultura" ou mesmo "instituição", que deu origem à palavra francesa *instituteur* (professor das séries iniciais). O conjunto dessas atividades traduz o fato de que o homem não é uma realidade dada, mas algo que se constrói; ou seja, ele se humaniza através de suas interações com outros homens. Porém, cada uma dessas atividades, em um momento e lugar determinados, só pode ser definida precisamente em suas relações umas com as outras. Precisamos, então, matizar e complexar as definições das quais partimos.

O ENSINO COMO FORMAÇÃO: PRÁTICA DO SABER E CULTURA DO INDIVÍDUO

O ensino é transmissão de um saber, mas se essa transmissão pode tomar uma via direta, a via magistral, ela pode também se operar pela via indireta, aquela da construção do saber pelo aluno. As pedagogias novas insistem sobre o papel ativo do aluno como condição de acesso ao saber, o papel do professor como sendo menos o de comunicar seu saber que o de acompanhar a atividade do aluno, de lhe propor uma situação potencialmente rica, de lhe ajudar a ultrapassar os obstáculos, de criar outros novos para que ele progrida. O modelo subjacente é aqui, enfim, aquele da aprendizagem, mais no sentido que este termo toma no mundo do artesão do que aquele da comunicação de uma mensagem. Em outros termos, há uma *prática* do saber e o ensino deve formar para essa prática, e não apenas se contentar em expor conteúdos. Aprofundando-se a análise, aliás, pode-se aplicá-la igualmente ao ensino magistral: quando "ministra um curso", o educador pratica o saber diante dos alunos e supõe que estes, seguindo-o passo a passo, aprendem a pensar. Neste sentido, todo ensino digno desse nome se pretende também formação.

Contudo, se a defasagem entre ensino e formação se encontra assim atenuada, ela nem por isso é anulada. A prática que aqui está em questão é com efeito uma prática do saber. Ela funciona segundo as normas específicas do mundo do saber: construção de um universo e de um discurso no qual a norma é a coerência interna. A prática *do saber* é organizada para atingir um fim, mas, diferentemente de uma prática profissional, a finalidade aqui não é de produzir efeitos agindo sobre o mundo, e sim de produzir um mundo específico, no qual a lei é a coerência. Além disso, ainda que essa prática seja contextualizada, seu objetivo é descontextualizar o saber: ela é contextualizada uma vez que, como toda prática, tem a marca da situação na qual ela se desenvolve; mas ela tende precisamente a se libertar dessa ancoragem a uma determinada situação para construir um saber que seja verdadeiro independentemente da situação. Não se deve confundir, e reduzir um ao outro, um ensino "ativo" que pretende formar para as práticas do saber e uma formação profissional que pretende dotar o indivíduo das capacidades que lhe permitam dominar uma situação complexa e nela inscrever os efeitos pretendidos, mesmo se, evidentemente, a formação para as práticas do saber se revestir de um interesse especial, quando a formação profissional em questão é aquela dos professores, os quais deverão produzir efeitos de saber em seus alunos.

Faz-se necessário, igualmente, matizar a diferença entre ensino e formação quando se leva em conta o caráter intencional da educação que atravessa em geral o ensino, principalmente nos seus primeiros níveis. A transmissão de saberes, de fato, não tem unicamente, e algumas vezes nem mesmo essencialmente, como objetivo dotar o aluno de um conhecimento dos conteúdos transmitidos. Através da difusão do saber, o professor visa, segundo as épocas e os lugares, a "moralizar o povo", a formar a Razão, a formar o Cidadão, a desenvolver o indivíduo, a dar sentido ao mundo, etc. Ou seja, "cultivar" o indivíduo, lhe dar forma, uma forma apropriada ao lugar, ao tempo, algumas vezes ao sexo e à origem social. Transmite-se, então, o saber para formar o indivíduo.

Entretanto, mais uma vez, a diferença entre ensino e formação, no sentido que toma o segundo termo dentro de um projeto de formação profissional, não se encontra anulada. Cultivar o indivíduo, qualquer que seja o conteúdo específico que se atribua à idéia de cultura, é prepará-lo para adotar certos comportamentos dentro de certas situações e dotá-lo de práticas correspondentes, assim como da capacidade de ajustar essas práticas conforme o contexto. Mas falaremos de cultura, neste caso, mais do que de formação, na medida em que a situação de referência é muito ampla (aquela que define o Homem, o Cidadão, o Ser que vive sob as leis da Razão); tão ampla que cultivar um indivíduo é lhe inculcar o sentido da existência mais do que dotá-lo de competências específicas. Se o ensino, uma vez que cultiva o indivíduo, é formador, o é em um sentido muito vasto do termo, diferente daquele que implica o uso moderno da palavra "formação".

Consideremos agora a diferença entre ensino e formação, colocando-nos desta vez do ponto de vista da formação. Devemos de novo matizar essa diferença a partir de dois pontos de vista.

O SABER NA FORMAÇÃO, A FORMAÇÃO COMO CULTURA

Em primeiro lugar, a "formação", no sentido estrito do termo, aquele que inicialmente nos serviu de referência, distingue-se do ensino, mas implica, entretanto, aquisição de saberes. O indivíduo formado deve ser capaz de mobilizar todos os recursos que lhe permitirão atingir um fim determinado, em uma dada situação, incluídos aí os saberes necessários. Nós estamos agora, talvez, no coração do problema das relações entre ensino e formação: a lógica da formação, lógica das práticas, é diferente da lógica do ensino, lógica dos saberes constituídos em sistemas e discursos coerentes, mas a formação implica saberes. Defrontamo-nos aqui com um problema que opera no interior de todo empreendimento de formação profissional e no qual subsiste uma tensão permanente. Formar é preparar para o exercício de práticas direcionadas e contextualizadas, nas quais o saber só adquire sentido com referência ao objetivo perseguido. Mas formar é também transmitir saberes que, se são transmitidos como simples instrumentos de uma prática, correm o risco não somente de se descaracterizarem mas também de dificultarem a adaptação da prática ao contexto, e, se eles são transmitidos no seu estatuto de saberes constituídos em discurso coerente, correm o risco de "deslizar" sobre as práticas e de não ter nenhum valor instrumental.

O problema-chave está aí e ultrapassa largamente o da formação profissional, já que é bem o problema da tensão entre uma lógica das práticas e uma lógica dos discursos constituídos que se exprime, em termos sobredeterminados pela ideologia e filosoficamente pouco pertinentes, nos debates entre "o abstrato" e "o concreto". Um saber pode adquirir sentido segundo dois tipos de lógica, não a do concreto e a do abstrato, o que não quer dizer nada, pois, por natureza, um saber é "abstrato", mas segundo aquela das práticas e aquela do discurso constituído. Essas duas lógicas são radicalmente heterogêneas. Elas não podem ser integradas em um modelo unificado do tipo "saberes fundamentais 'aplicados' à prática" – modelo que volta a negar a especificidade da prática – ou do tipo "saberes fundamentais 'emanados' da prática" – modelo que volta a negar a especificidade dos sistemas de saberes.

Entretanto, se essas duas lógicas são irredutíveis, elas não estão condenadas a "deslizar" eternamente uma sobre a outra sem que o professor, o formador, o formador de professores ou de formadores possam jamais relacioná-las. Duas formas de mediação entre essas duas lógicas podem servir de ponto de referência: a prática do saber e o saber da prática.

Se o saber se apresenta sob a forma de sistemas apresentáveis em discursos constituídos, no mínimo foi necessário um processo de constituição desse sistema e desse discurso: o saber-discurso é o efeito de uma prática de saber, prática científica sobre a qual Gaston Bachelard escreveu páginas apaixonantes; por vezes prática pedagógica, prática que, nos dois casos, procede por aproximações sucessivas, retificações, precisões, etc. Trata-se exatamente de uma prática: o conceito não tem aí estatuto de objeto a ser contemplado ou exposto em um discurso, mas sim estatuto de instrumento para resolver problemas, construir outros conceitos, produzir efeitos de saber. Porém, trata-se de uma prática da qual a finalidade última é construir um mundo coerente de saberes. Essa prática é uma prática específica. Ela funciona no homogêneo, o saber adquirido permitindo construir novos saberes, enquanto uma prática profissional funciona no heterogêneo, o saber mobilizado permitindo produzir bens ou serviços, ou seja, efeitos que não são efeitos de saber. Prática, mas prática específica, a prática do saber é uma forma de mediação entre a lógica das práticas e aquela dos discursos eruditos. Mediação, e não integração das duas lógicas: entre essa prática e a teoria que, como indica a etimologia, é "observação, contemplação", subsiste uma diferença de natureza. A prática do saber é uma prática, e não um saber.

O saber da prática, ou seja, os conhecimentos sobre a prática produzidos pela pesquisa, constitui uma segunda forma de mediação entre as duas lógicas. A prática, com efeito, pode ser o objeto de um saber que funciona segundo suas próprias normas de estabelecer coerência. Mas, assim como a prática do saber é uma prática de um tipo particular, o saber da prática é também um saber específico. Ele, com efeito, trata de práticas direcionadas, logo seqüenciais, contextualizadas e portanto submetidas a variações que não podem ser reduzidas a distinções conceituais: ele é saber da realização de objetivos e da contextualização, ao mesmo tempo em que, como saber, ele se põe como válido em si mesmo, escapando à finalização e à contextualização. Não há aí necessariamente contradição, mas no mínimo uma dificuldade que explica, sem dúvida, por que são produzidas tão poucas pesquisas sobre as práticas. Saber, mas saber específico, o saber da prática pode funcionar como mediação entre a lógica das práticas e aquela do saber constituído em discurso. Mas ainda desta vez mediação não significa integração: o saber da prática é um saber, e não uma prática. Ele pode dotar o profissional de uma competência suplementar para atingir seus fins, mas ele não poderia em nenhum caso ser considerado como uma teoria fundamental que o profissional só teria de aplicar. A diferença entre a lógica das práticas e aquela dos sistemas de saberes é irredutível, e isso é válido também para os saberes sistematizados que têm como objeto a prática. É bom que isso seja lembrado em um momento em que, algumas vezes, se confunde a necessidade de desenvolver a pesquisa sobre as práticas de ensino e a ambição de constituir uma didática "científica", que diria, sob a forma de teoria, a verdade da prática.

E imprescindível, quando se reflete sobre a formação dos professores, distinguir bem esses quatro níveis de análise: o saber como discurso constituído em sua coerência interna, a prática como atividade direcionada e contextualizada, a prática do saber e o saber da prática. Formar professores é trabalhar os saberes e as práticas nesses diversos níveis e situar, a partir dos saberes e das práticas, os pontos em que podem se articular lógicas que são e permanecerão heterogêneas – o que, aliás, é fundamental, porque a pretensão de integrar o saber e a prática em um discurso ou em uma prática totalizante é fonte de dogmatismo e de totalitarismo.

Lembrar que a formação implica também a transmissão de saberes nos levou a matizar a diferença entre ensino e formação. Faz-se necessário, agora, que relativizemos essa diferença a partir de um segundo ponto de vista.

O ensino, como já assinalamos, não é simples transmissão de um saber, mas é igualmente portador de uma intenção cultural. Do mesmo modo, a formação não é simples aprendizagem de práticas, ela é também acesso a uma cultura específica. Essa dimensão cultural era completamente explícita no universo artesanal, que concebia a aprendizagem de um *métier* pelo jovem como uma obra de educação global. Proudhon escreveu: "A instrução é inseparável da aprendizagem; a educação científica, da educação profissional"; "separar, como se faz hoje, o ensino da aprendizagem e, o que é mais detestável ainda, distinguir educação profissional do exercício real, útil, sério, cotidiano da profissão, é reproduzir, sob uma outra forma, a separação dos poderes e a distinção de classes, os dois instrumentos mais enérgicos da tirania governamental e da subalternização dos trabalhadores".[2] Para o artesão, a mão é a síntese da teoria e da prática, e a educação manual é o suporte de uma educação integral. No momento em que o universo artesanal desmorona, a unidade entre a concepção e a execução se desfaz, assim como aquela entre o gesto e a cultura profissionais. Pouco a pouco, o termo "aprendizagem" foi sendo substituído pelo termo "formação", portador ele mesmo de dois sentidos polares.

Em um sentido restrito, a formação se define em relação à eficácia de uma tarefa. Mas a formação pode igualmente ser compreendida em um sentido mais amplo se se estende a idéia de formação profissional àquela de cultura profissional.[3] A cultura não é somente um conjunto de saberes, de práticas e de comportamentos, ela adquire uma forma de individualidade: o artesão, o "operário da indústria", o médico da zona rural, o professor das séries iniciais da Terceira República,[4] etc. Ela é também uma relação de sentido com o mundo: é culto aquele para quem o mundo não é somente um lugar em que atuar, mas um universo de sentido. A cultura, enfim, é o processo pelo qual um indivíduo se cultiva, tornando-se portador e gerador de sentido. Assim como o ensino tem a ambição de ser cultura, na acepção dinâmica do termo, a formação pode ter a ambição de ser cultura. Ensino e formação convergem, assim, "no topo", na idéia de cultura, um em sua lógica de saber constituído, outra em sua lógica de práticas organizadas para atingir um fim.

O que está, então, em jogo na formação não é somente uma relação de eficácia a uma tarefa, é uma identidade profissional que pode tornar-se o centro de gravidade da pessoa e estruturar sua relação com o mundo, engendrar certas maneiras de "ler" as coisas, as pessoas e os acontecimentos. Compreende-se que há aqui um ponto capital para se interrogar sobre a formação profissional dos professores.

FORMAR EDUCADORES NA FRANÇA DO SÉCULO XX

O ensino e a formação, já dissemos, são atividades sociais que se desenvolvem em lugares e em momentos determinados. Seria preciso, portanto, complementar a análise através de um estudo histórico. O que designamos, em uma dada sociedade, em um momento determinado de sua história, por ensinar? Instruir? Formar? Cultivar? Como essas atividades se articulam no espaço social? Como elas se articulam na França de hoje? Quais conseqüências extrair para a formação dos professores? Ao que me consta, um tal estudo histórico do recorte do campo da educação-formação ainda está por fazer. Não se trata, evidentemente, de fazê-lo aqui. Eu gostaria, no entanto, de esboçar quais poderiam ser suas grandes linhas para a França do século XX.[5]

No início do século, a situação é simples no que concerne às classes populares: elas recebem um ensino na escola primária, quase não recebem uma formação sistemática, nem na escola, nem mesmo na empresa – estima-se em menos de 10% o percentual de operários franceses que recebem uma formação além daquela adquirida no trabalho, pelo exercício da profissão. Além disso, a escolaridade da grande maioria das crianças do povo dificilmente influencia sua inserção e sua vida profissional.

Desde então, a função do professor de séries iniciais do ensino fundamental é clara: não se lhe demanda que forme jovens, no sentido profissional do termo, mas que ele assegure aprendizagens de base (o famoso "ler, escrever, contar", ainda tão vivo no imaginário coletivo) e, através de seu ensino, que "moralize o povo", conforme a versão bruta do século XIX, que forme o cidadão à Razão, à Moral e à Pátria, segundo a reformulação republicana do mesmo objetivo. O professor é o mediador entre as classes dirigentes da sociedade e as classes populares. Através de seu ensino, ele cultiva, dá forma ao camponês, ao operário e ao empregado do setor de serviços da sociedade moderna. A partir de então, a formação do próprio professor associa o aprofundamento dos saberes que ele deva ensinar e a aquisição de um conjunto de práticas profissionais bem definidas e estáveis e o acesso a valores a práticas sociais e a comportamentos que lhe permitirão desempenhar seu papel de mediador social. A função social do professor é suficientemente clara e coerente para que sua formação profissional possa ser definida e realizada com toda coerência.

O professor de 5ª a 8ª séries e do ensino médio, de sua parte, não tem nem mesmo necessidade de uma formação profissional. Exige-se que ele ensine, e a aquisição de saberes a ensinar é considerada suficiente para sua formação profissional. Seu papel, com efeito, não é, em nenhum caso, o de "formar" – senão o Homem. A idéia mesmo de que ele poderia ter por objetivo preparar o jovem para uma inserção profissional indigna-o. Em 1952, ainda se pode ouvir em um discurso de distribuição de prêmios: "eu ousaria dizer: a cultura não deve servir para nada de imediatamente visível. Ela tem uma missão maior do que fornecer técnicos: ela deve formar homens"[6] – últimos ecos de um mundo que logo desapareceu.

Na realidade, através do domínio de certas formas de linguagens e do tipo de cultura que ele difunde, o professor prepara os jovens que freqüentam, então, o ensino médio para ocupar na sociedade o lugar que os espera. Mas para fazer isto, ele mesmo não tem necessidade de receber uma formação profissional específica. Não apenas ele ensina a um público pré-selecionado, suficientemente homogêneo, pronto para ter acesso ao saber que ele transmite, mas suas próprias práticas profissionais, centradas sobre o discurso, preparam muito bem os jovens para práticas profissionais as quais, elas também, têm o discurso por base. Existe uma grande homogeneidade entre as práticas pelas quais o professor é formado e selecionado, as práticas que ele executa na classe, as práticas que ele espera de seus alunos e as práticas profissionais futuras destes: o mundo do ensino médio é inteiramente estruturado pela lógica do discurso constituído.

Esse mundo vai desestabilizar-se nos anos 60, arrastando em seu movimento as séries iniciais do ensino fundamental. Em 1959, com a decisão de prolongar a escolaridade obrigatória até 16 anos e de escolarizar todos os jovens em um ensino fandamental de nove anos, e, em 1963, com a criação dos colégios em que são implementadas todas as séries finais do ensino fundamental (5ª a 8ª), o universo escolar muda de figura. A partir de então, sua missão é preparar o jovem para se inserir no quadro da divisão social do trabalho que serve de ponto de referência ao planejamento dos fluxos escolares. Um jovem de um colégio do subúrbio norte de Paris exprime muito bem, à sua maneira, qual é hoje a função central da escola: "Quando eu entrei na escola, nos primeiros anos eu não sabia porque eu estava lá, eu pensava que eu estava estudando para me instruir, para aprender a ler. Mas, a partir dos 9 anos, eu compreendi que eu estava estudando pra ter um bom futuro".[7] A escola, a partir de então, é inteiramente voltada para a inserção profissional.

Desde então, o saber mesmo só pode adquirir sentido em referência a essa inserção futura, inserção longínqua, problemática, cujos laços com o que se aprende na escola permanecem pelo menos obscuros aos olhos dos alunos. A questão crucial agora é: para que serve aprender isto? A incitação a aprender se vê diante da injunção de utilidade. Em outras palavras, para o aluno e, na maioria das vezes, para os pais, o saber é, a partir desse momento, pensado em uma lógica pragmática. Ele não passa de um elemento de uma prática escolar, o qual os sociólogos teorizam através do conceito de "estratégia" – conjunto de ações coordenadas que só tem pertinência em referência a um fim.

Ora, a relação com o saber, no que tange aos docentes, não mudou fundamentalmente. Para eles, e mais ainda para os professores do ensino médio do que para os do ensino fundamental, o saber extrai sua legitimidade de seu estatuto de sistema coerente, *enunciável* em um discurso constituído. Àqueles alunos que buscam cada vez mais uma utilidade para o saber, propõe-se, como disciplina de referência, um sistema de saber ainda mais fechado, codificado, formalizado do que antes: as matemáticas substituem as humanidades como disciplina-rainha, uma língua ensinada como forma sem conteúdo sucedeu uma língua morta.[8] As duas lógicas nem mesmo se afrontam: elas permanecem estranhas, deslizam uma sobre a outra, não oferecem pontos de articulação nem ao aluno, nem ao educador.

Já em 1972, o Relatório da Comissão de Estudo sobre a função do professor no ensino médio pode falar da "crise da relação pedagógica": "do modo como ela vinha se fazendo há apenas 15 anos, a profissão se tornou impraticável".[9] A situação não é, aliás, específica à França: Peter Woods, na Grã-Bretanha, fala de um "problema de sobrevivência".[10]

> As pressões sobre as capacidades de adaptação dos professores aumentaram, estão aumentando e continuarão provavelmente a aumentar (...). Os professores não podem mudar nem de profissão, nem a ordem social, eles devem, então, se adaptar. Eles devem acomodar-se à situação. Lá, onde os problemas são numerosos e intensos, a adaptação prevalecerá sobre o ensino (...). Os professores se adaptam desenvolvendo e utilizando estratégias de sobrevivência".

Primeiro sobreviver, depois ensinar: esta é, daí em diante, a ordem de prioridades para os professores. Sua famosa "resistência à mudança" é, talvez antes de tudo, a expressão do sentimento de precariedade, e mesmo de ameaça, que eles experimentam: quando se vive equilibrando-se sobre um abismo, toda mudança é, antes de tudo, desestabilização, desorganização de estratégias de sobrevivência elaboradas a duras penas.

A dificuldade de ensinar é um efeito da evolução geral das sociedades industriais modernas, não podendo, então, ser reduzida à desvinculação entre a relação dos jovens e dos professores com o saber. Mas essa desvinculação, que traduz ela própria um distanciamento crescente entre as duas lógicas que evocamos ao longo deste texto, exprime, no campo do saber, isto é, lá onde a escola encontra, a princípio, sua razão de ser, a mutação da escola moderna. Ela torna hoje particularmente difícil o exercício do *"métier"* do professor. O professor devia outrora dominar as práticas profissionais que lhe permitiriam transmitir saber aos jovens; mas os jovens não questionavam o valor particular desse saber em si mesmo. Hoje o professor deve dominar as práticas profissionais que lhe permitem transmitir, em sua coerência específica, saberes a jovens que só conferem alguma legitimidade ao saber se ele é "útil". A tensão entre a lógica das práticas e a do saber constituído em discurso afeta não somente os professores como também os alunos. A partir daí, ela se torna muito mais difícil de gerir, e as práticas profissionais para as quais o professor deve formar-se ficam muito mais complexas... e muito mais precárias.

Formar professores é dotá-los de competências que lhes permitirão gerir essa tensão, construir as mediações entre práticas e saberes através da prática dos saberes e do saber das práticas. Para formar educadores, é preciso ser igualmente capaz, como formador de educadores, de gerir a mesma tensão.

NOTAS

1. Em francês, tanto aluno como professor recebem diferentes designações conforme o grau de ensino. No entanto, como em português *professor* designa todo e qualquer docente, utilizaremos apenas este termo ao longo do texto, especificando-o quando o texto fizer referência a essas diferenciações.
2. Cf. CHARLOT, B. et FIGEAT, M. (1985). *Histoire de la formation des ouvriers, 1789–1984*, Paris, Minerve.
3. Cf. CHARLOT, B. (1991) *"Culture du pauvre ou humanités modernes? Le concept de culture technique à travers deux siècles de formation des ouvriers et des techniciens"*, in Culture technique et formation, "Actes du Colloque de L'AECSE", Nancy, Presses universitaires de Nancy.
4. No imaginário francês, esse professor é o modelo do "mestre da escola", educador do povo, do início da época republicana.
5. Cf. CHARLOT, B. (1987) *L'École en mutation*, Paris, Payot.
6. Cf. ISAMBERT-JAMATI, V. (1970) *Crises de la société, crises de l'enseignement,* Paris, PUF.
7. Cf. CHARLOT, B., BAUTIER, É. e ROCHEX, J.-Y. (1992) *École et savoir dans les banlieues...et ailleurs*, Armand Colin.
8. Bem entendido, não são as matemáticas em si que são visadas aqui, mas a maneira pela qual elas são ensinadas.
9. Relatório da comissão de estudo sobre a função educadora no segundo grau – A documentação francesa, 1972.
10. WOODS, P. (1979) *The Divided School*, Routledge and Kegan Paul, London.

6

A escola na periferia: abertura social e cercamento simbólico*

Começarei destacando alguns paradoxos, contradições, solicitações contraditórias que atualmente são dirigidas à escola de uma forma geral e, mais particularmente, nas periferias. Estas produzem um efeito lupa sobre o sistema escolar, mas o que ocorre ali está, na verdade, também em debate no conjunto do sistema escolar.

SOLICITAÇÕES CONTRADITÓRIAS SÃO DIRIGIDAS À ESCOLA

Gostaria de chamar a atenção para um primeiro ponto: cada vez mais solicita-se à escola que abra suas portas para o meio; ao mesmo tempo, porém, em um número considerável de estabelecimentos, pergunta-se como se proteger das agressões. É interessante, quando se vive e trabalha em uma periferia

---

*Este texto foi publicado pela revista *Administration et Éducation*, nº 61, 3-1994, Paris. Os subtítulos e as notas de rodapé – que informam sobre o contexto francês – foram introduzidos por mim para a publicação deste livro. O texto publicado na revista retoma uma conferência destinada a um público de supervisores e administradores da Educação Nacional Francesa, o que explica a insistência do autor em distinguir o que é da ordem da prescrição e o que é da ordem da pesquisa.

da zona norte de Paris, ver arames farpados serem colocados em torno de certas escolas que, apesar de tudo, continuam sustentando o discurso de abertura. Há um grande paradoxo aí: afinal, deve-se abrir ou proteger nossas escolas? Penso que, atualmente, dizemos as duas coisas ao mesmo tempo.

Um segundo paradoxo que me parece interessante ressaltar é que se pede, cada vez mais, à escola que leve em conta a diferença, especialmente a diferença entre as crianças ao mesmo tempo em que se pede igualmente, com uma insistência crescente, a integração dos jovens à nação. O que se deve fazer então: levar em conta as diferenças ou tentar acertar no que é comum a esses jovens? Trata-se de outro paradoxo e eventualmente de uma contradição, diante dos quais os atores sociais devem se posicionar concretamente no dia-a-dia.

Um terceiro ponto que me chama a atenção é que se solicita à escola, principalmente a partir de 1985, que garanta as aprendizagens e que reafirme certos valores fundamentais – *back to basics*, como dizem os ingleses –, mas, ao mesmo tempo, solicita-se que seja dada uma formação profissional para todos os jovens. Isso é totalmente novo, não se nota isso o suficiente. Foi em 1989, na Lei de Orientação,[1] que apareceu pela primeira vez nas finalidades oficiais da escola a obrigação de dar uma formação profissional aos jovens. Mas o que se deve fazer, priorizar as aprendizagens de base, uma retomada dos valores fundamentais, ou a questão da qualificação e da formação profissional?

Pedem-nos – e o "nos" remete aos atores que vocês são, já que vocês trabalham no sistema de coordenação ou na periferia do sistema escolar – e também aos atores que são os docentes que atendam a solicitações contraditórias. Existe aí um sistema de contradições que coloca os atores no que se chama em teoria da comunicação de *double bind* (dupla ligação), isto é, uma dupla ordem paradoxal. Ora, sabe-se experimentalmente que, ao submeter um cachorro à dupla ordem paradoxal, provoca-se neurose. Quando você é colocado diante de duas ordens, ambas legítimas – pois é isso que se torna interessante – e contraditórias, você desenvolve uma neurose ou, no mínimo, graves dificuldades em suas relações com o meio.

Em tal situação, evidentemente, pode-se sempre tomar uma decisão conscientemente em favor desta ou daquela contradição. Posto isso, quando se escolhe, a outra alternativa da contradição continua funcionando, ao menos implicitamente. Pode-se igualmente tentar gerir a contradição, geri-la para frente, geri-la para tirar algo de positivo. Meu papel aqui não será de dizer a vocês que é preciso decidir, gerir ou como gerir, mas, como universitário e pesquisador, tentar produzir alguma inteligibilidade sobre essa situação, compreender como se chegou a uma situação marcada por uma contradição profunda. Deve ficar claro que, quando digo "contradição", não se trata de um julgamento moral, mas de uma descrição. Para mim, o conceito de contradição não é axiológico, mas analítico: eu constato, analiso. Eu não disse que é ruim viver na contradição; digo apenas que nossas escolas, especialmente as de periferias, são confrontadas com contradições cada vez maiores.

Essas contradições serão analisadas inicialmente no tempo, pois é na História que as contradições se acumulam. Voltarei, desse modo, ao que é nosso imaginário e nossa grande referência, a escola da Terceira República;[2] depois buscarei compreender o que pôde se transformar, sempre do ponto de vista da abertura e do cercamento, nos anos 1960 e 70; e então, nos anos 80 e 90. Finalmente, procurarei ver quais são os efeitos dessas transformações, como podem aparecer com força total, especialmente nos estabelecimentos de periferia.

OS FUNDAMENTOS FILOSÓFICOS DO CERCAMENTO DA ESCOLA

Partirei da escola republicana. A escola republicana repousa no cercamento, isso está claro. Nosso passado, nossa referência francesa, nosso imaginário é o imaginário de um cercamento simbólico forte, ao menos por duas razões: esse forte cercamento simbólico é fundamentado filosoficamente, antes da escola da República, desde, no mínimo, o século XVII, e ancorado na cultura pedagógica que nos legaram aqueles que construíram o estabelecimento de ensino médio moderno, se ouso dizer, os jesuítas e a universidade com alguns grandes universitários, como Rollin. Pode-se, pois, remontar no mínimo ao século XVII e, em certos lugares, ao século XVI, para encontrar a afirmação de que só há educação verdadeira se existe um cercamento simbólico.

Essa idéia é construída através de uma certa representação da infância, já que se explica muito claramente que a criança é espreitada pelo mal. "A criança", diz um texto, "é como uma fortaleza em torno da qual o diabo fica rondando." A criança, desde o pecado original, é espreitada pelo mal. Aliás, lembremse de Santo Agostinho que hesitou em contar os anos de sua infância em sua idade; de Montaigne, que disse ter perdido duas ou três crianças... Encontramos, enfim, inúmeros autores – Snyders estudou muito isso há, aproximadamente, 20 anos – que nos dizem, muito claramente, que a criança é espreitada pelo mal e que esse mal potencial se tornará um mal atual sob a influência da sociedade que exerce uma influência corruptora.

Conseqüentemente, para educar a criança, explicam-nos, é preciso protegê-la, é preciso tirá-la desse meio social em que só há sonhos de estilo e aparências, de fartura, etc., e que exerce influência sobre uma criança que, por natureza marcada pelo pecado original, mas também pela redenção – é por isso que pode haver uma educação –, corre o risco de ceder à tentação.

A idéia de cercamento simbólico é, portanto, fundadora de nossa educação. É encontrada de maneira enfática nos dois grandes mestres das escolas normais[3] do início do século XX, Alain e Durkheim. Alain diz, por exemplo, que não se deve colocar nas paredes nenhuma fotografia, nada que possa desviar a atenção da criança daquilo que deve ser seu único objetivo: o saber. Essa idéia de cercamento simbólico foi intensamente difundida nas escolas normais no início do século XX por Alain e, sob uma forma sociológica, por Durkheim, de modo que a identidade dos professores franceses do ensino fundamental está impregnada ainda fortemente por ela.

Será notado, ao longo do texto, que a filosofia da educação nova manteve, de uma certa forma, a mesma idéia de cercamento, mesmo quando a faz funcionar em um outro quadro teórico. No célebre livro de Rousseau, Emílio é, no mínimo, separado do mundo e muito estreitamente protegido por seu preceptor, aquele que, de alguma forma, deve garantir que Emílio se desenvolva segundo a natureza, esperando, ao menos até os 12 anos, para poder se desenvolver de acordo com a Razão. A filosofia da educação nova retomou, portanto, essa idéia de cercamento simbólico, opondo a natureza à sociedade. Por trás de "sociedade", podem colocar uma série de adjetivos, inclusive moderna, capitalista, burocrática, etc. Vê-se formas muito modernas de educação nova que afirmam, em uma perspectiva que seria a de Dewey, por exemplo, que se deve dar continuidade entre a sociedade e o aprendizado na perspectiva do pragmatismo, mas, ao mesmo tempo, que é preciso também proteger a espontaneidade da criança contra uma sociedade que tem efeitos de corrupção.

Existe, pois, aí uma grande tradição filosófica em nossa cultura pedagógica, que é uma tradição de cercamento simbólico. Essa tradição opõe o universal, denominado de humanidade – "as humanidades", de extrema importância na tradição francesa – ou de natureza, ao tempo, tempo que – sabemos desde Platão – é a dimensão da degradação do ser, a dimensão da catástrofe. Essa filosofia opõe a eternidade, a universalidade e a Antigüidade ao nosso tempo, tempo que só pode trazer a espuma das coisas, espuma do humano, a atualidade, o que é da ordem do desejo, da paixão, e que não pode educar.

OS FUNDAMENTOS SOCIOPOLÍTICOS DO CERCAMENTO DA ESCOLA REPUBLICANA

É sobre essa forte tradição de cercamento simbólico, filosoficamente posta, que vai desenvolver-se uma tradição de cercamento simbólico sociopoliticamente posta, o cercamento que a escola republicana do final do século XIX estabelece, e os dois fundamentos vão reforçar um ao outro. Por que a República estabelece a escola como voluntariamente fechada – já que é voluntariamente por projeto, e não por engano, que a escola foi fechada?

Primeiro, por uma razão de fato: muitas dessas escolas se desenvolvem em um meio ambiente social que não lhes é muito favorável. É o meio do campo com as influências monarquistas da Igreja – do obscurantismo, para a República – e, longe de se apoiar nas famílias, será preciso, ao contrário, apoiar-se nesse bastão que a escola republicana representa para agir em relação às famílias.

De tempos em tempos, pergunto-me se não se continua fazendo isso nas zonas de educação prioritárias. De fato, encontra-se nesses lugares muitos ecos dos discursos professados há um século sobre as famílias, sobre as classes populares e sobre uma espécie de vocação missionária da escola em relação ao seu meio. Ao mesmo tempo, aliás, pergunto-me às vezes se abrir-se para o meio não se parece um pouco com a fortaleza que se abre para ir ao ataque, conquistar o meio sobretudo, e não exatamente se abrir.

Na Terceira República, em que a hostilidade se denomina influência monarquista, obscurantismo clerical ou igualmente socialismo ou sindicalismo revolucionário na cidade, a escola deve proteger novamente a criança de um meio que não pode servir de ponto de apoio para a escola.

A segunda razão desse cercamento republicano é uma razão de filosofia política: na França, o soberano foi definido, desde 1789, na perspectiva de Rousseau, e a definição foi retomada pela Terceira República. O soberano foi definido pelo interesse geral. Ora, em Rousseau, é preciso lembrar sempre, o interesse geral não é a soma dos interesses particulares; o interesse geral é diferente da soma dos interesses particulares. Desde então, fundar a República em educação não pode ser levar em conta os interesses particulares, inclusive em um compromisso. Fundar a República em educação é, inevitável e necessariamente, situar-se fora do particular, virar as costas para o particular e fundar-se no universal, no universal da razão, da moral natural, dos direitos humanos. A diferença não tem legitimidade no espaço público republicano, seja ele político ou escolar.

É claro que os professores de pré-escola sabiam que as crianças eram diferentes, eles não eram tolos. Tinha-se, evidentemente, o direito de ser bretão, católico e filho de grande fazendeiro, mas em sua casa, não na escola. O espaço público não suporta a diferença. É a posição republicana da Terceira República que é perfeitamente clara: a diferença é rejeitada no espaço privado, a escola funciona pelo universalismo e oferece ao povo e ao regionalismo a troca da particularidade cultural contra a dignidade do acesso ao universal. É, assim penso, o compromisso político republicano de base. Livrando-se no espaço público daquilo que, em si, é particular, tem-se o direito a ter acesso ao universal, e é isso que sustenta profundamente a filosofia da República.

Será interessante notar que a filosofia colonial é exatamente a mesma. Aliás, não por acaso. Pelo que me lembro, o sobrenome de Jules Ferry não é "o escolar", mas "o tonquinês"; na época ele foi conhecido tanto por sua ação colonial como por sua obra escolar.[4] A esse respeito, é interessante estudar a diferença entre a filosofia colonial francesa e a filosofia colonial inglesa. Esta última respeita muito mais as diferenças culturais e desenvolve escolas fundadas em culturas indígenas, onde a França não respeita, ou respeita muito pouco, as culturas indígenas pretendendo desenvolver "nossos ancestrais, os gauleses".[5] "Nossos ancestrais, os gauleses", essa frase é cômica, mas apresenta também algo de admirável, pois leva a universalidade a todo mundo. Essa universalidade vai, aliás, algumas décadas depois, explodir na figura da República sob forma de reivindicação de uma independência em nome dos Direitos Humanos, por parte daqueles que haviam sido formados pela escola francesa, com seus valores, para servir de suboficiais às diferentes tarefas civis da ação colonial.

É interessante ver como esse universalismo vai produzir submissão, conformismo, mas, ao mesmo tempo, revolta. Eu lembro a vocês o que Mona Ozouf pôde escrever sobre isso: a escola do povo da Terceira República era, evidentemente, as centenas de milhares de mortos dóceis da Primeira Guerra, mas também aqueles que se recusaram a continuar a guerra em 1917, os rebeldes, aqueles que, entre 1900 e 1914, recusaram-se a reprimir um certo número de manifestações populares.

Temos aí um funcionamento bastante complexo, do ponto de vista sociopolítico, da escola da Terceira República, que não respeita em nada as diferenças e, ao mesmo tempo, oferece à juventude um acesso ao universal. Ora, isso só é possível através de um forte estabelecimento do cercamento simbólico. E isso é feito intensamente na França – o que não acontece, por exemplo, nos países anglófonos – de um lado, porque se trata da República herdeira de 1789 mas também, de outro, porque a República se apóia em uma tradição cultural e filosófica que remonta ao século XVII e mesmo ao XVI.

CERCAMENTO SIMBÓLICO E DESIGUALDADES SOCIAIS

Esse forte cercamento simbólico recobre descontinuidades sociais fortes. Estamos falando das questões atuais e, desse modo, para pensar na situação atual, não se pode pensar com um único conceito: cercamento ou abertura. Caso se proceda dessa maneira, cai-se imediatamente em uma armadilha! É preciso distinguir o que é da ordem do simbólico e o que é da ordem do social, porque se pode muito bem ter cercamento simbólico e abertura social, mas também perda do cercamento simbólico e fechamento ou descontinuidade social.

Penso que, se queremos produzir alguma inteligibilidade sobre as exigências contraditórias com as quais a atual escola francesa se confronta, precisamos aplicar a idéia de abertura e de cercamento no plano do social e, ao mesmo tempo, no plano do simbólico. Ora, na Terceira República, associam-se a esse forte cercamento simbólico três grandes dissociações, que me contento em nomear a seguir.

Primeiro, uma dissociação entre dois tipos de ensino, que deixou alguns traços vistos ainda hoje em nossos debates públicos. Por um lado, a escola do povo ("primária"), que contempla apenas as séries iniciais (1ª a 5ª). Por outro lado, uma escola chamada "secundária", que contempla o que chamam hoje no Brasil de séries finais do ensino fundamental e de ensino médio. É a escola das classes médias. Além do mais, essa escola proporciona também as séries iniciais (1ª a 5ª) a seus alunos. Atrás do discurso sobre a escola da nação, percebem-se duas escolas e essa dissociação recobre uma diferença social.

Segundo, uma grande dissociação entre instrução e trabalho. A escola da Terceira República não pôde ser objeto de um consenso social, pois desenvolvia valores que podiam ser objeto de um consenso social enquanto fossem somente valores. Por exemplo, o valor trabalho: enquanto se fala do valor trabalho entre camponeses, operários e burguesia, pode-se colaborar com a mesma escola; porém, se se fala do trabalho real, tal como aquele das oficinas, a colaboração social não é mais possível, não há mais consenso possível.

Não foi por erro, por acaso ou por inadvertência histórica que a escola da Terceira República não deu espaço ao mundo da produção, foi também nesse caso por vocação. A escola da Terceira República virou as costas ao mundo do trabalho pelas mesmas razões fundamentais que virou as costas às famílias. Ela se apresentou como universal e pôde se apresentar assim, uma vez que foi sustentada por um compromisso social que tem um nome simbólico: Jaurès. De fato, foi Jaurès que estabeleceu o vínculo entre a escola laica e o mundo socialista.[6] Esse vínculo não foi fácil, já que, nos anos 1930, um panfleto do Partido Comunista francês se intitulou ainda "Abaixo a laica!"... Esse compromisso não era evidente; ele só é possível porque a escola não está diretamente articulada com o mundo do trabalho.

Eu havia destacado essas duas dissociações em *L'école en mutation*.[7] Claude e Françoise Lelièvre destacaram uma terceira, e penso que eles têm razão: é a dissociação entre homens e mulheres. Existe aí uma terceira grande clivagem social. A escola da Terceira República é portadora da universalidade, mas o universalismo só é direto para a metade de sua população, para os homens. As mulheres se beneficiam dele apenas indiretamente, como mães e esposas; tem-se tendência em esquecer isso, mas é um dado importante.

Encontram-se, pois, três grandes descontinuidades sociais – entre dois tipos de escola, entre instrução e trabalho, entre homens e mulheres – associadas a um cercamento simbólico forte. Entre essas descontinuidades sociais e esse cercamento simbólico existem, evidentemente, relações permitindo ao cercamento simbólico legitimar e, ao mesmo tempo, mascarar essas descontinuidades.

Ele permite, de fato, desenvolver valores no ensino fundamental, por exemplo. Francine Muel-Dreyfus, neste livro um pouco antigo, mas notável, que se chama *Le métier d'éducateur*,[8] mostrou que o professor das séries iniciais do ensino fundamental da Terceira República é o homem exatamente do meio, já que pertence às camadas superiores das classes populares ou a camadas da burguesia em situação descendente que recupera seus filhos com funções no ensino. E esse homem (ou essa mulher) da camada do meio reintroduz no povo, sob forma cultural, valores que são socialmente aqueles do povo. Por exemplo, o valor do trabalho – extremamente forte na ideologia da escola republicana – que é um valor social, é reintroduzido sob uma forma cultural na escola do povo, tanto naquela do campo como na da cidade. Da mesma forma, no nível do ensino médio, desenvolve-se uma moral do domínio de si, do controle de si, do sacrifício, que também dá um valor cultural a referências da burguesia.

Vocês notarão, aliás, que essas formas culturais que são passadas na escola do povo e na das classes médias são relacionadas. Além das descontinuidades sociais que tentei apontar, funcionam formas de consenso ideológico que produzem homogeneidade na nação. Há, portanto, aí um conjunto complexo no qual insisti um pouco, pois o modelo é tão puro na Terceira República que vai nos ajudar a compreender o que se passa quando se desfaz.

Se fosse fazer uma síntese desse mundo, diria tranqüilamente que ele é bachelardiano.[9] Por que é bachelardiano? Porque o cercamento simbólico faz sentido intelectualmente; só há aprendizagem e construção de um saber se houver formas de rupturas com a experiência primeira. É por isso que evoco Bachelard.

O cercamento simbólico faz sentido escolarmente. Não desenvolvo esse raciocínio, mas poderia refletir sobre a parte forte do cercamento simbólico que integra as práticas escolares. Por exemplo, a valorização da escrita, a escrita como tal produz cercamento; a valorização da regra e do esquema, que se vê muito nessa escola da Terceira República, produz como tal um efeito de limiar, uma mudança de mundo – portanto, de cercamento simbólico.

Esse cercamento simbólico faz sentido intelectualmente, escolarmente mas também socialmente, quando se fala ao pequeno camponês ou ao pequeno operário da dignidade do trabalhador. Ao mesmo tempo, é espantosamente mistificador quando se vê o que se passa na realidade social, mas isso faz sentido, isso produz inteligibilidade sobre o que ele vive. A dignidade do trabalhador diz algo ao pequeno camponês, ao pequeno operário. Por mais mistificadora que seja essa ideologia, ela dá sentido àqueles que vivem na sociedade francesa.

Esse é um ponto que me parece de extrema importância para avançar no debate dos dias de hoje. O cercamento simbólico atual, aquele que tentamos manter ou restabelecer, produz sentido social ou não?

É por isso que insisto sobre essa necessidade de se fazer uma análise, simultaneamente, em termos sociais e simbólicos. Com efeito, se o cercamento simbólico republicano foi tão eficaz, inclusive como instrumento de integração, é porque funcionava em uma configuração bastante complexa, com dissociações sociais, homogeneização social, práticas profissionais dos professores que faziam sentido naquele quadro, igualmente com produção de sentido cultural, o todo em uma sociedade extremamente desigual, já que a desigualdade aparece nas três dissociações que destaquei.

Hoje esse modelo se desfez, a escola de Jules Ferry morreu – somos alguns a já ter dito isso –, ela morreu nos anos 1960. Nossa escola tende, portanto, a não ser mais bachelardiana. Contra vontade, com remorsos, com retornos, com debates...

DA LÓGICA POLÍTICO-CULTURAL À LÓGICA ECONÔMICA: A ESCOLA SE ABRE E ENTRA EM "CRISE"

Parece-me importante agora refletir sobre o que de fato pôde acontecer. Por que e como esse modelo se desfez e permitiu com que hoje se produzisse um certo número de efeitos, sobre os quais tentei falar logo no início, alegando suas contradições? Para dizer o que ocorreu, seria preciso refazer toda a história da escola contemporânea desde os anos 1960. Evidentemente, não farei isso aqui; apontarei, entretanto, alguns fenômenos que me parecem pertinentes.

Nos anos 1960-70, o sistema escolar – aliás, só há sistema escolar a partir dos anos 1960-70, antes há somente segmentos escolares desvinculados – funcionava em uma lógica econômica. Estávamos em uma época de crescimento econômico com uma necessidade de aumentar o nível de formação do conjunto da população, necessidade de altos funcionários, de técnicos, conseqüentemente, de abertura das séries finais do ensino fundamental a todos. Sobre essa questão, lembro a reforma de Berthoin de 1959, a única verdadeira grande reforma da educação na França contemporânea, tendo todas as outras resultado nas conseqüências e nas contradições dessa reforma.[10]

Essa reforma de Berthoin abriu as séries finais do ensino fundamental a todos e sobretudo funcionou como uma forma de adaptação das séries, das seções e dos níveis de saída do sistema escolar ao qual chamamos de as necessidades econômicas, isto é, à divisão técnica e social do trabalho na sociedade francesa. Concretamente, isso ocorre de forma muito simples e muito transparente: a cada cinco anos, há uma comissão Educação-Formação e, até o final do 7º plano, números prevêem as porcentagens em termos de nível de saída do sistema escolar. Em função dessas previsões, abre-se ou fecha-se este ou aquele tipo de série e de seções.

Parece-me importante notar que, nos anos 1960-70, articula-se o nível de saída da escola e o nível de entrada na vida profissional e social. É um fenômeno fundamental do qual ainda estamos avaliando as conseqüências. Estamos bem nessa lógica: a partir dos anos 1960, o nível de inserção profissional e social – e talvez cada vez mais a possibilidade de uma inserção profissional e social – depende do nível de saída da escola. Entramos em uma lógica econômica, enquanto a do modelo de Jules Ferry era uma lógica político-cultural, o que muda tudo.

Primeiro, isso quer dizer que existe aí uma forma de abertura da escola. Não se pára de falar da abertura da escola, mas ela começou nos anos 1960. Pode-se perfeitamente pensar em coisas diferentes sob a expressão "abertura da escola"; conseqüentemente, eu não estou dizendo que ela é totalmente aberta, mas digo que, com a articulação do escolar e do econômico, constata-se, a partir dos anos 60, uma forma de abertura da escola. E é exatamente daí que surgirão suas misérias. É a partir do momento em que se abre a escola, dessa forma ao menos, que se produz o que vamos chamar de "a crise da escola", que, em minha opinião, não é uma crise.

Acontece o seguinte: quando se abre uma escola, ela fica submetida a contradições, a tensões, a uma instabilidade que se tornam estruturais. A instabilidade relacionada às evoluções técnicas e econômicas; a forte tensão relacionada à importância da escola para a socialização da juventude. Tem-se, portanto, um espaço onde circula cada vez menos sentido, mas que é cada vez mais importante para a socialização dos jovens. Existe aí uma grande tensão estrutural permanente de nosso sistema escolar – e uma contradição colossal entre uma vontade de democratização e uma vontade de produção de elite.

Essa forte contradição entre democratização e elite atravessa atualmente o nosso ensino. A partir do momento em que se disponibiliza esse ensino a todos, a seleção já não é feita fora da escola, é feita dentro dela, por meio das distribuições nas diferentes séries, seções, opções ou outros.[11] A partir do momento em que você abre uma nova passagem, a contradição social maior diz respeito a ela. A zona de atrito dos anos 1960 é o *collège* (fim do ensino fundamental), que acaba de ser democratizado; a zona de atrito atual tende a ser o *lycée* (ensino médio) e particularmente a primeira série dele, que é, conforme o ponto de vista, a parte fraca ou a parte forte[12] – a parte fraca, porque sofre as contradições mais fortes; a parte forte, porque resiste. A zona de atrito é atualmente o ensino médio e está atingindo a graduação nas universidades. A zona de atrito do sistema escolar é aquela que acaba de ser democratizada.

Esse sistema que se abre a um novo público, que se articula sobre o econômico e a inserção profissional, vai ser atravessado estruturalmente por contradições, tensões e instabilidade. Dir-se-á: "A escola está em crise", se assim se quiser. Mas, na minha opinião, isso não é pertinente. Melhor seria empregar o termo "crise" para as situações nas quais as contradições se tornam inadministráveis, insustentáveis.

Vocês sabem o que se faz quando a contradição é inadministrável? Desloca-se ela. Vocês sabem como ela é deslocada? Através de uma reforma. Diria tranqüilamente que as reformas, em um sistema escolar moderno – e não estou sendo crítico, apenas um pouco irônico –, têm talvez como função fundamental resolver problemas que se tornam explosivos onde justamente há contradições que se tornam inadministráveis. Porém, ao mesmo tempo, como o sistema é atravessado estruturalmente por contradições, justamente onde se procura resolver um problema, isso é feito de uma maneira tal que acaba surgindo um outro. Da mesma forma, aqueles que vêem esse funcionamento dizem: "São reformas que criam problemas". Isso não é mentira: as reformas criam problemas onde não havia, pois resolvem outros lá onde havia problemas que passaram a ser insuportáveis.

As reformas talvez tenham como função primordial deslocar os problemas. Não critico isso, pois pode ser útil deslocar um problema. A verdadeira questão talvez seja saber em qual direção deslocá-lo. Falava de gerir as contradições para frente. Acredito que, atualmente, gerir um sistema escolar, seja no centro ou cada vez mais na periferia, é gerir um sistema de contradições, que, caso se procure resolver, cai-se em situações impossíveis e a verdadeira questão talvez seja saber o que se pode fazer do sistema de contradições que se deve gerir e como se pode geri-lo para frente. Se vocês me perguntarem o que é este "para frente", remeto-lhes à política e à democracia; não é o pesquisador que pode dizer o que é "para frente".

No anos 1960, entra-se, portanto, nessa lógica. Ao mesmo tempo, é preciso compreender que é a abertura da escola que a afundou nisso que se chama crise, em um sistema de contradições estruturais com tensões, contradições, instabilidade. E, de fato, se me acompanharam até aqui, é no mínimo paradoxal pensar que, sem outra forma de análise, a crise da escola será resolvida pela abertura da escola.

Talvez haja necessidade de outras formas de abertura diferentes desta que acabamos de falar, mas precisamos dizer quais. Não sou nem contra, nem a favor, estou analisando apenas que, no momento, "abertura da escola" funciona como um *slogan*. É possível que isso resolva alguns problemas, talvez também criando outros; mas, de qualquer maneira, seria preciso dizer qual tipo de abertura da escola – pois, podemos pensar em, pelo menos, 10 formas – é capaz de resolver quais problemas e como. Senão, ficamos apenas na dimensão discursiva, sejamos contra ou a favor. Ou mesmo ficamos na especialização midiática: contra ou a favor à abertura da escola, organiza-se um debate com Fulano de Tal. Que seja abertura ou fechamento, o problema não é esse; o problema é saber de que está se falando, de qual tipo de abertura é passível de produzir quais efeitos, para resolver quais problemas. Nesse caso, então, estaremos falando de um trabalho que pode ser aquele dos pesquisadores.

A INDIVIDUAÇÃO DA EXISTÊNCIA E O ENFRAQUECIMENTO DOS VALORES COLETIVOS

O primeiro fenômeno é, portanto, essa forma de articulação e de abertura que indiquei. O segundo fenômeno é o que chamo de "a individuação" da existência e a crise do sentido nos anos 1960-70.

A entrada em uma lógica econômica desestrutura também o modelo cultural da Terceira República. Notemos, em primeiro lugar, que a questão da diversidade é posta de forma radicalmente diferente em uma lógica econômica e em uma lógica político-cultural. Quando a lógica dominante era a lógica político-cultural, aquela da universalidade, não havia legitimidade no espaço público para a diversidade. No entanto, quando a lógica dominante se torna aquela do econômico e da inserção, a diversidade não somente é legítima como se torna necessária, porque, economicamente, tem-se necessidade de complementaridade entre os indivíduos, e só há complementaridade se houver diversidade.

Nesse sentido, é totalmente interessante ver como pedagogias interculturais podem entrar na escola nos anos 1970, simplesmente porque o cultural não é mais o fundamento do sistema escolar. Pode-se lidar com o intercultural porque o cultural não é mais tão importante, uma vez que a lógica dominante é aquela da inserção. E se a lógica dominante é a da inserção, pode-se esperar que a pedagogia intercultural permita reduzir o fracasso escolar e inserir um certo número de jovens nos quais encontramos dificuldades.

Não se está mais em uma lógica político-cultural do universal, mas em uma lógica do econômico que vai cada vez mais valorizar a idéia de diversidade. Ainda mais na medida em que, por outro lado, produz-se o que chamo de "uma individuação da existência", que não deve ser confundida com "individualismo". Estou cada vez mais perplexo diante da idéia de que nossa sociedade estaria ficando cada vez mais individualista. Não digo que seja mentira, mas me questiono cada vez mais. Em compensação, o que me parece certo é que o indivíduo é tratado gradativamente como valor. Deve-se distinguir bem estas duas situações: uma sociedade que estaria ficando cada vez mais individualista e uma sociedade que estaria tratando o indivíduo cada vez mais como valor, pois não se trata da mesma coisa.

Tomarei um exemplo: *"Touche pas à mon pote!"*[13] (Não toque em meu amigo!) não é efetivamente individualista e, no entanto, trata o indivíduo como valor. Todas as mensagens que você recebe regularmente de várias organizações caritativas não pedem a você dinheiro contra a fome no mundo ou contra o câncer; você recebe um papel com a foto de uma criança, às vezes até com o nome dela, ou sistemas de apadrinhamento individual. Estamos, nesse caso, nas lógicas políticas modernas, isto é, não do individualismo, não dos jovens que, por exemplo, desertariam a questão da solidariedade. Os jovens se mobilizam para as questões de solidariedade, mas fazem isso desde que não precisem desfilar com um cartaz do tipo "Abaixo o racismo" ou "Contra a fome no mundo", e que vejam qual sentido possa ter para um indivíduo.

Creio que entramos em uma sociedade em que o indivíduo é posto como valor e em que ele só se mostrará solidário a partir do momento em que se ver assim. Isso deixa completamente de cabeça pra baixo as pessoas de minha geração, para as quais não há sentido senão coletivo.

Ao mesmo tempo, porém, você vê como um certo número de valores fortes e coletivos que sustentavam nossa República e nossa escola vão se encontrar fragilizados e como o cercamento simbólico, que mantinha tudo isso, vai enfraquecendo, tornando-se ainda mais fragilizado e enfraquecido à medida que o sistema de valores, em alguns sentidos secular, que sustentava a Terceira República começa a despencar nos anos 1960. É o sistema de valores de todas as sociedades de austeridade que começa a despencar nas sociedades que colocam o crescimento e o desenvolvimento como bens supremos, isto é, nas sociedades que têm como objetivo um movimento, pois crescimento e desenvolvimento são movimentos, não são coisas que possam ser definidas de maneira precisa, já que sempre haverá outros depois desses. Conseqüentemente, em uma sociedade que coloca o crescimento, o desenvolvimento, a satisfação do desejo como bens supremos, veremos valores seculares despencarem. Apontarei três idéias, sem desenvolvê-las.

Primeiro, passa-se de uma valorização da gratuidade a uma valorização da eficácia. A cultura dita gratuita era valorizada. O letrado que cita poetas latinos e gregos, como Mitterrand, é substituído pelo *énarque*, que cita números estatísticos na televisão, como Giscard d'Estaing, para dar apenas uma pincelada da História.[14] Passa-se da república dos professores àquela dos *énarques*. Eles têm nomes muito diferentes – Giscard d'Estaing, Chirac, Rocard, Chevènement –, pertencem a espaços políticos diferentes, mas têm em comum o fato de serem homens que nos garantem sua eficácia.

Segunda mudança: passa-se da estabilidade como valor à mobilidade como valor. Antes, ao final de 15 anos, você tinha uma medalha; agora, depois de 5 anos de casa, você é um velho ultrapassado... Valorização da mobilidade: é muito importante em relação às lógicas e às éticas seculares!

Ou ainda, passa-se de uma ética do domínio do desejo – vocês sabem, todos esses discursos filosóficos sobre as paixões – a uma ética da satisfação rápida do desejo e mesmo a uma cultura do desejo. Passa-se de uma cultura da poupança a uma cultura do crédito e da publicidade que muda completamente nossa relação com o desejo.

Estou sempre analisando, não lhes disse que era contra a satisfação imediata do desejo ou esse tipo de coisa; estou apenas analisando, não faço julgamento. Tento compreender o que aconteceu e vejo que há perturbações muito fortes no campo do sentido coletivo que enfraquecem o modelo da Terceira República, especialmente o cercamento simbólico.

O cercamento simbólico enfraqueceu porque seus valores de referência enfraqueceram. O que é dito na escola de ensino fundamental sobre o trabalho na Terceira República, ousamos ou não dizer hoje? E o que isso provoca na sociedade atual, com o problema do desemprego, do crédito, da publicidade e da satisfação imediata do desejo pelo valor?

Por outro lado, as idéias de desenvolvimento e de modernidade, ou ainda a legitimação da diferença, vão incitar cada vez mais a pensar na instrução e na educação como continuidade da vida atual e do meio ambiente da criança. Temos aí um mundo que se transforma e que enfraquece ainda mais consideravelmente o cercamento simbólico à medida que, cada vez mais, reforça a idéia de "desabrochar" as crianças, de que a espontaneidade é uma coisa boa, de que o que é jovem, novo, moderno, bronzeado e dinâmico é o bom. Tem-se realmente rupturas muito bruscas em nosso campo cultural que levam o modelo que repousava sobre a idéia de cercamento simbólico a perder muito de sua credibilidade.

Insisto, não há aí nem um lamentável desvio ideológico-político, nem uma contaminação, contágio, conspiração ou o que quer que seja. O que vemos é simplesmente o efeito, nos campos cultural, ideológico e escolar, de um certo número de transformações fundamentais de nossa sociedade que apresenta, por outro lado, efeitos que, alguns – e eu especialmente – consideram totalmente positivos.

Essa transformação produz igualmente, vale destacar também, democratização, bem-estar, efeitos de desenvolvimento do saber. É sobre as mesmas bases sociais que se produz uma explosão do saber científico e ao mesmo tempo um enfraquecimento do cercamento simbólico. Penso que é importante compreender bem que é sobre a base dessas transformações fundamentais dos anos 1960 que se vai produzir uma explosão da quantidade de saber disponível e, simultaneamente, um enfraquecimento do cercamento simbólico. Isso permite sair de um pseudodebate completamente artificial entre "contra" o saber ou "a favor" do saber. A questão não é essa; somos todos a favor do saber.

Hoje a questão deve ser obrigatoriamente colocada de uma outra maneira, pois é com esse tipo de contradição que se está confrontando.

A "MODERNIZAÇÃO" DA ESCOLA: RECUO DO CERCAMENTO SIMBÓLICO E ELITISMO SOCIAL

Nos anos 1980-90, assistiu-se a uma acentuação da transformação dos anos 1960-70 sob o efeito do que se chama "a crise", isto é, de uma mutação geoeconômica internacional que vai acentuar o que aconteceu nos anos 1960-70 e introduzir algumas dimensões novas.

Trata-se fundamentalmente de uma crise de produtividade. Vamos ver crescer, portanto, as exigências de eficácia, de qualidade, com algo bastante extraordinário: a obrigatoriedade de resultado nos professores e mais amplamente nos atores do sistema educacional. Não somos mais funcionários que devem respeitar e aplicar regras; somos agentes do serviço público que devem obter resultados. Mudança cultural fundamental. Isso quer dizer que entramos nos anos 1980, e não em uma lógica econômica, como se disse algumas vezes, mas em uma lógica de gestão. A eficácia não é mais suficiente, é preciso mesmo ter eficiência, ou seja, a eficácia com um máximo de economia de meios.

Estamos, agora, nessas lógicas. À escola é atribuída uma obrigação de resultado, bem como uma obrigação de qualificação dos jovens. Ora, atribuir a obrigação ao sistema escolar de qualificar e dar formação profissional aos jovens é, evidentemente, acentuar o efeito de continuidade entre a escola e seu meio. Existe uma forte pressão aí. Por exemplo, o fracasso escolar não é mais um escândalo social e político para nossas consciências, é um desperdício econômico. Nesse caso também, sou um pouco irônico, porque é possível que se lute com mais eficácia contra o fracasso escolar/desperdício econômico do que contra o fracasso escolar/escândalo sociopolítico... Parece, de fato, um investimento não rentável: na fabricação de nossas crianças, há fracassos que uma política de qualidade devia poder exterminar. Essa é a lógica de eficácia do momento! E continuo descrevendo sem fazer julgamento; pessoalmente, não sou contra a eficácia.

A segunda inflexão importante dos anos 1980-90 é uma legitimação escolar da diversidade e da heterogeneidade. Para a identidade educativa, essa transformação foi, no mínimo, tão forte como a anterior. Os anos 1980 foram os anos em que se falou de pedagogia diferenciada, esquecendo que a grande conquista histórica foi, ao contrário, o método simultâneo. Começou pela pedagogia diferenciada e se conquistou, como base técnica de desenvolvimento da escola, o método simultâneo de ensino destinado a uma classe inteira. Ainda nesse caso, não estou criticando, apenas descrevendo.

O que me interessa é saber por que, atualmente, quando se diz "diferenciada", todo mundo acha, espontaneamente, mais simpático. Não se sabe necessariamente como se vai proceder, mas a idéia de "diferenciada" é mais simpática. Isso é novo. Essa forte legitimação da diversidade e da heterogeneidade é nova em nosso sistema. Quem pronunciou as palavras mais fortes, mais claras e foi muito corajoso em 1983-84 foi Jean-Marc Favret. Na consulta-reflexão nacional sobre as escolas das quais Jean-Marc Favret, que era *Directeur des écoles*[15] na época, redigiu o relatório, ele explica muito bem que em todas as escolas aparece a solicitação de crianças normais para as classes normais e de dispositivos especializados para as demais crianças. Segundo Jean-Marc Favret, "De todas as partes surge essa idéia de crianças normais para classes normais; ora, é preciso considerar que o que é normal é a diversidade, a heterogeneidade. A heterogeneidade é a condição normal de uma classe e a escola democrática é aquela que produz os meios para gerir essa heterogeneidade."

Quando se pensa que, desde pelo menos um século, na consciência educativa, o progresso da democratização significava progresso para a unificação e que, em 1975-77 ainda, falava-se de colégio único como um passo à frente, vê-se o que pôde ser, nesse caso também, uma transformação identitária grande para os professores.

Nos anos 1980-90 acontece uma terceira transformação: passa-se a um outro modelo de articulação entre a escola e os estabelecimentos, na perspectiva daquilo que se aplica, muito além do âmbito da escola, no conjunto das organizações francesas, a saber a gestão dos atos na periferia, e não mais no centro.

Considera-se – é a modernização do sistema educacional e geralmente dos recursos humanos na sociedade francesa – que uma organização, um sistema, uma instituição, regula-se, sim, no centro, mas que os atos são determinados na periferia, porque é na periferia que se pode levar em conta a diversidade, que se pode tentar ser eficaz e eficiente, e não por circulares que vêm da sede da empresa ou do Ministério da Educação.

Essa gestão na periferia convida a uma mobilização geral. A idéia de parceria está diretamente relacionada a essa lógica; é porque deve haver mobilização na periferia que devemos ter parcerias. Em outras palavras, pensamos agora em uma referência sobre a qual diria tranqüilamente que consiste em resolver problemas mobilizando recursos – o que deve ser feito localmente, mesmo que haja uma mobilização nacional – e não mais em uma referência primeira à razão e aos valores.

O conjunto dessas idéias vem convergir em uma noção-chave, a noção de projeto. O projeto é o que permite considerar a diversidade, o que permite administrar na periferia através de um acordo com o Estado, o que permite ver se somos eficazes ou não, avaliando os resultados de ações que nós mesmos realizamos.

Embora possa parecer bastante extraordinário, apesar de ser perfeitamente lógico, acrescentaria que é normal que, em uma gestão na periferia, o Estado realize pela primeira vez uma avaliação nacional dos alunos. Enquanto o Estado tentou, ele mesmo, dirigir as ações escolares por meio das circulares, deixou de avaliar por que estava decidindo a ação. O Estado delega a ação à periferia de forma paradoxal, porque essa ação nunca foi tão importante para ele, Estado, como hoje. Economicamente, a formação nunca foi tão essencial para o Estado como é hoje, mas é isso que o obriga a delegar à periferia. O Estado não age mais, mas necessita de uma avaliação nacional para ter o controle. Não há contradição entre a avaliação nacional e os movimentos de territorialização, há, ao contrário, uma lógica profunda.

Dos anos 1960 aos anos 90, o sistema escolar se adaptou dessa forma e levou em conta o que me parece ser a cultura moderna, que é a cultura do heterogêneo, do conflituoso, do instável, que é uma cultura mestiça com mestiçagens culturais; por "culturais", refiro-me a pertenças étnicas diferentes, mas também à mistura entre Boris Vian e Molière.[16]

A cultura moderna, tal como se vê nas periferias – e é por isso que as periferias me interessam especialmente –, é uma cultura do heterogêneo, do instável, da mestiçagem. Essa cultura é geradora de uma angústia enorme. De fato, aplicar uma regra não é muito angustiante, sobretudo quando se sabe tomar as devidas providências; ter, porém, uma obrigação de resultado em uma situação instável, fluente, com heterogeneidade, exige um esforço cotidiano. É a cultura moderna, é a aventura do mundo moderno. Estou simplesmente dizendo que vocês, administradores da Educação Nacional, são aventureiros do mundo moderno, o que provavelmente seja um pouco surpreendente para alguns, mas creio que é, em parte, verdadeiro e que, quando se passa do estatuto do professor ao estatuto do diretor de estabelecimento, por exemplo, tem-se o dever de inventar no cotidiano, às vezes de modo urgente, algumas respostas; embarca-se, então, em uma forma de aventura que é totalmente excitante – pois creio que vocês gostam disso – e, ao mesmo tempo, extremamente angustiante, o que constitui uma das características da cultura moderna.

Quais são os efeitos de tudo isso?

É preciso, primeiro, lembrar que o sistema escolar francês, comparado a outros, é de boa qualidade. A escola se mantém, inclusive nos bairros muito difíceis e também de onde outros serviços públicos recuam. A adaptação ao cotidiano da escola francesa se revelou eficaz. Ela soube, acredito, impregnar-se desses modos de funcionamento modernos e agir muito rapidamente. Não sei se muitas empresas com o porte da Educação Nacional teriam conseguido mudar tão rapidamente como ela nos anos 1960, 70 e 80. Nesse sentido, não se pode dizer de maneira alguma que a escola seja resistente à mudança; é muito mais sutil do que isso e, de uma certa forma, pior: não há resistência à mudança, há recuperação da mudança nas lógicas de sobrevida dos atores do sistema.

Contudo, nosso sistema se mantém, apesar das comparações internacionais destacarem igualmente até que ponto ele permaneceu elitista e até que ponto vai a distância entre a parte mais elitista de nosso sistema escolar e os 10, 12, 15% dos alunos que fracassam profundamente na França, bem como em todas as sociedades industriais modernas. Há uma distância colossal.

Em outras palavras, entramos em um sistema escolar em que a descontinuidade social é forte e o cercamento simbólico enfraqueceu consideravelmente. Hoje a idéia de saber, de valor, de lei, não são mais evidentes no sistema escolar para muitos alunos. Em certos estabelecimentos de periferia, o comentário dos alunos a respeito dos conselhos de classe é: "Os professores nos julgam. Com que direito?". Um certo número de evidências primeiras não são mais adquiridas no sistema.

Entramos, pois, em um sistema em que há uma grande descontinuidade social e cada vez menos cercamento simbólico, o que, a meu ver, é o contrário do que seria desejável. Penso que – e aqui deixo de lado o estatuto de pesquisador – deveríamos trabalhar para um sistema em que houvesse muito menos descontinuidade social, cercamento social, ignorância social do outro, distância social, mas em que pudéssemos reconstruir um cercamento simbólico que fizesse sentido.

O ENFRAQUECIMENTO DO CERCAMENTO SIMBÓLICO EM UMA SOCIEDADE DESIGUAL: UMA NOVA RELAÇÃO COM O SABER DOS ALUNOS, COM NOVAS DIFICULDADES PARA OS PROFESSORES

Direi algumas palavras a respeito de nossas pesquisas nas periferias. Para os jovens e para a grande maioria dos pais, a escola é muito importante, porque permite avançar o máximo possível e, portanto, ter um bom emprego. Eles nos dizem: "é preciso ir à escola para passar; passar para ter um bom emprego e uma vida normal". Mas atenção, "passar" com a melhor relação qualidade/preço. Em um colégio, a melhor relação qualidade/preço é "passar" os últimos 15 dias antes do conselho de classe com uma média de 10,00001...[17] Isso para os espertos, aqueles que "passam". Depois, você tem os tolos, aqueles que chegam a 18: contando 8 pontos perdidos! E 8 pontos perdidos são muitas horas de juventude perdidas. Para os jovens, é muito claro: é preciso escolher entre viver sua juventude ou ser um ótimo aluno.

Está-se, pois – exagerando um pouco –, em uma lógica puramente institucional, e essa lógica está longe de se restringir a nossas próprias crianças; ela está se difundindo. Em 1993, fizemos um seminário na Universidade de Bruxelas. Estava diante de professores que tinham como alunos filhos de funcionários internacionais e que nos diziam: "Os filhos dos funcionários internacionais não são tão diferentes de suas crianças das periferias da região norte de Paris...".

Na lógica desses jovens, é preciso avançar o máximo possível para se ter um bom emprego. Isso não quer dizer que seja preciso avançar por muito tempo na escola, porque se terá muito *saber*, portanto um bom emprego. O raciocínio implícito não é este, mas: "É preciso sobreviver o máximo de tempo possível, é preciso passar, passar, passar avançando o máximo possível, e, se avancei muito e em muito tempo, conceder-me-ão, por algum tipo de direito, um bom emprego", sem qualquer referência ao saber propriamente dito.

Estamos, nesse caso, em uma relação com a escola, com o saber e com o emprego, que é, como se queira, imaginário, mágico ou realista. É imaginário porque a atividade intelectual não tem sentido como tal; a idéia de saber não tem sentido como tal, mas a atividade profissional também é pouco conhecida, ela só tem sentido por seu *status*, por seu nível. Não estamos mais em uma lógica da atividade nem escolar, nem profissional, mas em uma lógica do nível, da sobrevivência.

Nessas condições, não é surpreendente que aqueles que são levados por uma voluntariedade muito intensa – melhorar de vida graças à escola, posição dos jovens imigrantes, como aquela dos jovens dos bairros populares de minha geração – sobrevivam, apesar de tudo, no sistema. Porém, aqueles que não são levados por uma voluntariedade intensa vão começar a delirar e a fazer piadas com os amigos, vão escorregar e chafurdar – para usar suas palavras – e, então, afundar. Vejam em que forte tensão moderna pode transformar-se o fato de ficar várias horas por dia, vários dias por semana e inúmeras semanas por ano em uma situação em que o que se faz não tem sentido como atividade, mas é absolutamente essencial para se ter uma vida normal no futuro. Essa tensão será ainda mais forte quando se souber que, diante do desemprego atual, não se pode não ter diploma e que, com um diploma, não se tem garantia nenhuma de ter um emprego bem pago.

O que fazem os jovens na escola? Fazem seu trabalho de aluno. Pergunte-lhes o que é um bom aluno: é um aluno que chega pontualmente! É um aluno que "passa". É, aliás, às vezes também na definição dos professores, que dizem a um aluno que não trabalha: "Cuidado, se você não trabalhar mais do que vem fazendo, não passará", confirmando assim que se trabalha para passar, e não para aprender coisas interessantes. Não se diz: "Você sabe, aprendemos muitas coisas interessantes que você deixou escapar"; mas se diz "Cuidado, se você não trabalhar mais, não passará". Confirma-se claramente que se vai à escola para passar de ano.

E é justamente aí que a máquina é infernal, é que, quando se atribui a eles essas propostas, isso os leva a trabalharem. Portanto, a curto prazo, se é eficaz; mas o curto prazo, conhecemos somente ele, pois, além disso, não nos diz mais respeito, diz respeito aos colegas... A curto prazo, é relativamente eficaz; mas a longo prazo, é mortífero, pois são instalados em uma relação com o saber em que o saber como tal não tem sentido. Assim, um bom aluno é mesmo alguém que chega pontualmente.

Aliás, quando são solicitados a descrever um dia ou uma semana de escola, desde o CP ou o CM, é impressionante.[18] Tem-se a impressão de que, todo dia, os alunos sobem e descem escadas, colocando e tirando casacos, enquanto, ao seu lado, a professora escreve a matéria no quadro – sobre a qual ninguém nunca sabe – e distribui os cadernos. É isso o que os alunos nos dizem. As referências, porém, às coisas que se aprende são muito raras, e ainda é pior no fim do ensino fundamental do que no início.

Da mesma forma, apreendemos no discurso dos alunos que havia uma diferença bastante forte entre aqueles que escutavam a professora e aqueles que escutavam a matéria. Há aqueles que dizem que escutam a professora – eles estão ouvindo alguém falar – e aqueles que nos dizem que escutam a matéria – ouvem alguma coisa do que diz a professora. Aliás, quando se pergunta àqueles que dizem escutar a professora "O que você faz quando não entende?", eles respondem: "Levanto a mão e pergunto à professora, imediatamente, antes mesmo que ela tenha terminado de falar". Em sua lógica, isso é normal. Quanto àqueles que escutam a matéria, quando não entendem, pensam mais um pouco e, se continuam sem entender, levantam a mão e perguntam à professora.

Temos um bom exemplo relatado por uma de minhas alunas de licenciatura. Ela conversava, em uma sessão de recuperação, com um jovem maliano que estava repetindo o CP e que ainda apresentava problemas de leitura. Perguntou-lhe: "Quando você não sabe ler uma palavra, o que faz?", e ele veio com esta resposta extraordinária: "Leio uma outra". Ela perguntou então: "E isso não te incomoda?" – "Sim, mas o que quer que eu faça?". Estamos aí diante de uma questão-chave, a questão do tudo ou nada: eu sei ou eu não sei. Se não sei ler uma palavra, leio outra.

O imenso desafio de nossa época é que devemos construir com esses alunos a relação com o saber que dá sentido ao saber, portanto àquilo que se faz na escola; mas isso deve ser construído no próprio ato de ensino. Vejam a dificuldade: não se pode construir a relação com o saber e depois ensinar, seria contraditório. Devemos, pois, construir uma relação com o saber que não ocorra mais imediatamente nos jovens que acolhemos, no próprio ato de ensino. É incrivelmente difícil!

Essa questão é, na minha opinião, a questão central dos estabelecimentos de ensino. A questão da violência nas escolas de periferia começa aí; ela está extremamente reduzida à questão relacional. Não estou dizendo que esta não seja uma questão importante, devemos falar sobre o desprezo, a desmotivação, o medo... mas também sobre o saber.

Nossa equipe chegou a pensar, a partir disso, que a questão fundamental talvez fosse o fato de que, para esses alunos, não é "eu" que aprendo, mas "alguém que me ensina". Não sou eu que tenho uma atividade intelectual que me permite com que me aproprie dos saberes. Os três quartos de alunos das periferias não concebem essa idéia essencial que aprender é apropriar-se dos conteúdos de saber por uma atividade intelectual. Nesse caso, não é um "eu" que aprende, é "alguém" que me ensina, um professor. E se não sei, em última análise, não é grave, mas se não passo – considerando, no entanto, que cheguei pontualmente e que passei 40 minutos com o nariz nos livros todas as noites – significa que alguém não fez seu trabalho, e essa pessoa não foi eu. Inútil procurar muito longe quem deixou de fazer sua parte... Vejam como é exatamente na relação com o saber que se produz eventualmente a violência institucional, mesmo que se produza também com o medo, com o desprezo e com a desmotivação recíprocos.

Para nós, a questão fundamental é exatamente esta do saber, mas é preciso tratá-la com seriedade, a não ser que se queira continuar mascarando um elitismo profundo e uma recusa de democratização da educação por meio da questão do saber. Mas se levamos a sério a questão do saber, é preciso considerar a da relação com o saber. Se pregamos que todos os jovens devem poder ter acesso a saberes e a sentidos, que a escola republicana moderna, que a escola democrática, é aquela onde todos os jovens devem poder ter acesso a saberes e a sentidos, será preciso que trabalhemos essa questão da relação com o saber.

Não estou querendo opor a pedagogia ao saber; meu discurso é radicalmente diferente. Estou dizendo que devemos levar a sério a ambição democrática da escola e a idéia de que ela é, acima de tudo, feita para permitir que os jovens adquiram saberes e competências cognitivas e intelectuais que eles não poderão adquirir em outro lugar e que ela é feita também para desenvolver sentido em suas vidas, mas de uma forma que só pode acontecer dentro dela. Isso, porém, para todos; e se dissemos todos, significa dizer que se deverá tratar a questão do saber.

Tratar a questão do saber será, certamente, manter e reconstruir cercamento simbólico, porque não há escola sem cercamento simbólico. Quando não há cercamento simbólico, não há mais diferença entre a escola e a lanchonete, entre a escola, a comunidade e a família. E se não há diferença entre a escola, a comunidade e a família, não se vê por que a violência externa não entraria também na escola. A existência de um limiar simbólico é absolutamente indispensável para que a escola exista como um lugar específico em que vale a pena ir porque se terá a possibilidade de encontrar coisas específicas nela. Os jovens devem compreender que a violência física pára na porta da escola e que, do lado de dentro, começa não a ausência de violência, mas a violência simbólica, aquela exercida através da fala, porque, de fato, se dizemos que não há mais violência, é mentira.

Em Bruxelas, guardei uma frase muito interessante dita por um aluno: "A escola me ensinou a insultar polidamente". Claro, a escola ensina a insultar de maneira polida em vez de bater, e isso também é o efeito do cercamento simbólico. É preciso reconstruir esse cercamento simbólico, mas, para isso, só se tem credibilidade se mantermos a ambição republicana moderna, isto é, democrática, que é a do acesso ao saber e ao sentido para todos.

Isso consiste em tratar também a questão da desigualdade social na escola trabalhando a relação dos jovens com o saber, a relação dos jovens de meios populares com o saber, a relação dos jovens imigrantes com o saber. Se não fazemos também isso, a afirmação a respeito da primazia do saber nos faz cair em uma mistificação, em que se prioriza o saber para continuar protegendo os privilégios de um certo número de crianças. Ademais, alguns terão direito a cursos de cozinha ou de sabe-se lá o que, enquanto nossos filhos terão acesso ao universal. A questão da relação com o saber deve ser tratada, portanto, ao mesmo tempo em que a do saber, ao contrário do que ocorre muito freqüentemente hoje.

Creio que podemos parar por aqui. Proponho simplesmente que distingamos bem o que é da ordem do analítico e de nossas pesquisas do que é da ordem de escolhas pessoais, éticas, filosóficas. Todas as frases em que figura "é preciso" ou "deve-se" não são frases científicas, mas frases em que incorporei meus próprios objetivos que estou pronto a defender como cidadão. O restante é da ordem da pesquisa.

NOTAS

1. Em 1989, foi votada uma "Lei de Orientação" da educação escolar francesa que se aproxima um pouco da LDB brasileira, sem, no entanto, apresentar a mesma amplitude.
2. A Terceira República (1870-1940), inspirada nas idéias da Revolução Francesa (1789), cria a escola pública gratuita, obrigatória e laica e constrói a ideologia da escola republicana "à francesa".
3. As "escolas normais" formaram, durante mais de um século e até a década de 1980, os professores de séries iniciais do ensino fundamental franceses.
4. Jules Ferry (1832-1893), Ministro da Instrução Pública, é o símbolo da escola da III República para os franceses, aprovando as principais leis desse período. Porém, como Chefe de Governo, promoveu também uma política de conquistas coloniais, especialmente em Tonquim, região do atual Vietnam.
5. Durante muito tempo, a partir da III República, ensinou-se aos jovens franceses que seus ancestrais eram os gauleses (tribo vencida por Júlio César após uma corajosa resistência), ao passo que, na verdade, a França foi formada pela fusão de povos de origens diversas. Ensinou-se também aos jovens árabes, negros e asiáticos dos países colonizados que seus ancestrais eram os gauleses (louros...). Com o passar do tempo, "nossos ancestrais, os gauleses", tornaram-se motivo de graça para os franceses.
6. Jean Jaurès (1859-1914), defensor da escola laica, anticolonialista e pacifista, também foi uma grande liderança do movimento socialista.
7. Charlot B., *L'école en mutation*, Payot, Paris, 1987.

8. Muel-Dreyfus, F. *Le Métier d'éducateur*, Paris, Minuit, 1983
9. Gaston Bachelard (1884-1962), filósofo, epistemólogo e historiador das ciências, defende a idéia de uma "ruptura epistemológica" entre o sentido comum do cotidiano e os saberes científicos.
10. Essa reforma prolonga a escolaridade obrigatória até os 16 anos e abre o *collège* (quatro anos de estudo, que constituem as séries finais do ensino fundamental) para todos. A reforma cria, porém, um *collège* com carreiras diferentes (ensino longo, curto ou prático), que realmente escolarizam os alunos de diferentes origens sociais. A reforma Haby de 1975, sobre a qual falaremos mais adiante, suprimirá essas carreiras e instituirá o "*collège unique*".
11. O *collège* é composto por quatro anos de estudo: da 6ª à 3ª série (os franceses contam as séries escolares de modo decrescente). Corresponde às séries finais do ensino fundamental brasileiro.
12. Após a chamada "terceira" do *collège* (que é, na verdade, a 4ª série, pois os franceses contam de forma decrescente a partir da 6ª, que é a 1ª série do *collège*) vem a chamada "segunda" do *lycée* (que é a 1ª série de um ensino de três anos que corresponde ao ensino médio brasileiro). Contando historicamente com uma seleção na passagem do *collège* para o *lycée*, esta se atenua ao final dos anos de 1980 com o projeto de levar 80% de cada geração à conclusão do ensino médio (portanto, ao *baccalauréat*, que é o exame nacional realizado ao final do *lycée*).
13. *Slogan* da associação *S.O.S. Racisme*, muito popular nos anos 1980 e 90, especialmente junto aos jovens.
14. A Terceira República contava com um corpo político constituído freqüentemente por professores e advogados. Atualmente, o poder executivo fica muitas vezes nas mãos de antigos alunos do ENA (Escola Nacional de Administração), chamados de *énarques*, cuja formação é centrada na economia. São encontrados tanto nos governos de esquerda como nos de direita (cf. os nomes citados logo adiante). O Presidente Mitterrand é o símbolo dos políticos formados por uma cultura clássica; o Presidente Giscard d'Estaing é um *énarque*. O "descuido da História" é que Mitterrand sucedeu a Giscard d'Estaing, enquanto a lógica da história teria dado preferência para que o letrado antecedesse ao *énarque*.
15. Diretor das séries iniciais do ensino fundamental na Educação Nacional.
16. Molière (1622-1673) foi um grande ator e autor clássico, cujas obras teatrais – sobretudo as comédias – são muito estudadas na escola. Os professores que quiseram "rejuvenescer" os programas introduziram autores contemporâneos, especialmente Boris Vian (1920-1959), autor de romances, de canções, etc., marcados por uma certa impertinência que agrada aos jovens.
17. No sistema de ensino francês, as notas vão de 0 a 20, portanto a média que permite "passar" é 10.
18. A escola primária francesa, onde se entra com 6 anos (após ter passado três ou quatro anos na escola maternal), compreende o *Cours Préparatoire* (CP, onde é feita a alfabetização), dois anos de *Cours Élémentaire* (CE) e dois anos de *Cours Moyen* (CM). Essa escola corresponde aproximadamente às séries iniciais do ensino fundamental brasileiro. Entra-se, em seguida, para o *collège*, da 6ª à 3ª série, depois para o *lycée* (Segunda, Primeira, Terminal).

PARTE III
A escola na época da globalização

7

A violência na escola: como os sociólogos franceses abordam essa questão*

A questão da violência na escola é abordada insistentemente hoje na França, seja pela mídia, seja pelos próprios estabelecimentos escolares – em particular nos bairros "problemáticos", em geral situados no subúrbio. Em função disso, ela se tornou um objeto de pesquisa para os sociólogos cuja dificuldade principal é, sem dúvida, saber como falar com rigor desta noção de "violência" que compreende coisas muito diferentes.

A VIOLÊNCIA NA ESCOLA: UM FENÔMENO NOVO?

Os professores e a opinião pública se referem à violência como um fenômeno novo que teria surgido nos anos 1980 e se teria desenvolvido nos anos 90. Na verdade, historicamente a questão da violência na escola não é tão nova. No século XIX, houve, em certas escolas do ensino médio, algumas explosões violentas, sancionadas com prisão. Da mesma forma, as relações entre alunos dos estabelecimentos de ensino profissional[1] dos anos 50 ou 60 eram freqüentemente bastante grosseiras. Todavia, se a violência na escola não é um fenômeno radicalmente novo, ela assume formas que, estas sim, são novas.

---

*Texto publicado pela revista *Sociologias*, Porto Alegre, v. 4, n. 8, jul/dez 2002.

Primeiro, surgiram formas de violência muito mais graves que outrora: homicídios, estupros, agressões com armas. É certo que são fatos que continuam muito raros, mas dão a impressão de que não há mais limite algum, que, daqui por diante, tudo pode acontecer na escola – o que contribui para produzir o que se poderia chamar de uma angústia social em face da violência na escola. Além disso, os ataques a professores ou os insultos que lhes são dirigidos já não são raros: aí também, um limite parece ter sido transposto, o que faz crescer a angústia social.

Segundo, os jovens envolvidos nos casos de violência são cada vez mais jovens. Os alunos de 8 a 13 anos, às vezes, revelam-se violentos até frente aos adultos; professoras da escola maternal dizem que também se defrontam com fenômenos novos de violência em crianças de 4 anos. Neste caso, é atingida a representação da infância como inocência, que leva os adultos a se interrogarem sobre qual será o comportamento dessas crianças quando chegarem à adolescência. Há igualmente aí uma fonte de angústia social em relação à violência escolar.

Terceiro, assiste-se, há alguns anos, a um aumento do número "de intrusões externas" na escola: trata-se, por vezes, da entrada nos estabelecimentos escolares, de bandos de jovens que vêm acertar, na escola, ou até mesmo nas próprias salas de aula, contas das disputas nascidas no bairro; trata-se, com mais freqüência ainda, de um pai, de uma mãe, de um irmão ou de um amigo que vem vingar brutalmente uma "injustiça" sofrida por um aluno por parte de algum professor ou outro profissional da escola. Há aqui uma outra fonte de angústia social: a escola não se apresenta mais como um lugar protegido e até mesmo sagrado, mas como um espaço aberto às agressões vindas de fora.

Quarto, professores e funcionários do setor administrativo da escola, principalmente nos bairros problemáticos, são, às vezes, objeto de atos constantes, mínimos, que não são violências em si, mas cuja acumulação produz um estado de sobressalto, de ameaça permanente: mesmo quando a escola, em determinado momento, parece (relativamente) calma, o pessoal sabe que essa "calma" pode ser quebrada a qualquer instante. O símbolo desse sobressalto é o disparo freqüente dos alarmes de incêndio, várias vezes ao dia.

A angústia social acarretada por esses fenômenos aumenta na medida em que incidentes violentos, até mesmo muito graves, acontecem em estabelecimentos escolares que pareciam dever escapar a eles (colégio de cidade do interior, por exemplo). Mesmo adotando-se (há mais de 10 anos) "planos" e "medidas" que visam a acabar – ou pelo menos diminuir – com o problema da violência na escola, parece que ele só aumenta e, que, além disso, está convertendo-se em um fenômeno estrutural, e não mais acidental. Como se não bastasse, essa violência, depois de instalada nas escolas de bairros "problemáticos", parece estender-se a outros estabelecimentos.

Tal situação de angústia social leva a discursos sociomidiáticos que têm a tendência de amalgamar fenômenos de natureza muito diferente. Também os sociólogos e os pesquisadores em ciências da educação são obrigados a elaborar, em seus trabalhos, distinções conceituais que permitam introduzir uma certa ordem na categorização dos fenômenos considerados como "violência na escola". Mas esta tarefa não é fácil.

DISTINÇÕES CONCEITUAIS NECESSÁRIAS... E DIFÍCEIS

1. É preciso, inicialmente, distinguir a violência *na* escola, a violência *à* escola e a violência *da* escola.

A violência *na* escola é aquela que se produz dentro do espaço escolar, sem estar ligada à natureza e às atividades da instituição escolar: quando um bando entra na escola para acertar contas de disputas de bairro, a escola é apenas o lugar em que ocorre uma violência que poderia ter acontecido em qualquer outro local. Pode-se, contudo, perguntar-se por que a escola, hoje, não está mais ao abrigo de violências que outrora eram detidas em suas portas.

A violência *à* escola está ligada à natureza e às atividades da instituição escolar: quando os alunos provocam incêndios, batem nos professores ou os insultam, eles se entregam a violências que visam diretamente à instituição e àqueles que a representam. Essa violência contra a escola deve ser analisada junto com a violência *da* escola: uma violência institucional, simbólica, que os próprios jovens suportam através da maneira como a instituição e seus agentes os tratam (modos de distribuição das classes, de atribuição de notas, de orientação; palavras desdenhosas dos adultos; atos considerados pelos alunos como injustos ou racistas, etc.).

Esta distinção é necessária: se a escola é largamente (mas não totalmente) impotente em face da violência *na* escola, ela dispõe (ainda) de margens de ação em face da violência *à* escola e *da* escola.

2. Parece igualmente útil um certo distanciamento em relação à representação dominante do problema: a de jovens violentos que agridem os adultos da escola. Se os jovens são os principais autores (mas não os únicos) das violências escolares, eles são também as principais vítimas dessa violência. O problema da violência na escola é ainda, e até mesmo em termos estatísticos, o dos alunos vítimas de violência. Esta questão tornou-se mais difícil pelo fato de que os alunos autores e os alunos vítimas se assemelham, do ponto de vista estatístico com bastante freqüência. São jovens fragilizados de um ou de outro ponto de vista, ou de vários pontos de vista cumulados: rapazes (apesar de a violência das moças estar aumentando), alunos com dificuldades familiares, sociais e escolares. Não esqueçamos também as violências sociais, cujas vítimas mais freqüentes são os jovens: desemprego, acidentes automobilísticos, drogas, agressões sexuais, etc.

3. Seria ainda pertinente estabelecer uma distinção entre a questão da violência, a da agressão e a da agressividade.[2] A agressividade é uma disposição biopsíquica reacional: a frustração (muitas vezes inevitável pois não

podemos viver sob o princípio único do prazer) leva à angústia e à agressividade. A agressão é um ato que implica uma brutalidade física ou verbal (*agredire* é aproximar-se, abordar alguém, atacá-lo). A violência remete a uma característica deste ato, enfatiza o uso da força, do poder, da dominação. De certo modo, toda agressão é violência na medida em que usa a força. Mas parece pertinente distinguir a agressão que utiliza a força apenas de maneira instrumental, até mesmo que se limita a uma simples ameaça (como a extorsão para se apossar, por exemplo, de tênis, de bonés ou de qualquer outro pertence pessoal de alguém: se a vítima não resiste, não é ferida) da agressão violenta, na qual a força é utilizada muito além do que é "exigido" pelo que se pretende, com uma espécie de prazer em causar mal, em destruir, em humilhar.

É uma ilusão acreditar que se possa fazer desaparecer a agressividade e, como conseqüência, a agressão e o conflito. Aliás, seria isso seria desejável, levando-se em conta que a agressividade sublimada é a fonte de condutas socialmente valorizadas (no esporte, na arte, nas diversas formas da concorrência) e que o conflito é também um motor da História, como pensava Hegel? A questão é saber quais são as formas de expressão legítimas ou aceitáveis da agressividade e do conflito. É a violência como vontade de destruir, de aviltar, de atormentar, que causa problema – e que causa mais problema ainda em uma instituição que, como a escola, inscreve-se na ordem da linguagem e da troca simbólica, e não na da força física. Concretamente isso significa que o problema não é fazer desaparecer da escola a agressividade e o conflito, mas regulá-los pela palavra, e não pela violência – ficando bem entendido que a violência será bem mais provável, à medida que a palavra se tornar impossível. De sorte que fica logo bem claro que a questão da violência na escola não deve ser enunciada somente em relação aos alunos: o que está em jogo é também a capacidade de a escola e seus agentes suportarem e gerarem situações conflituosas, sem esmagar os alunos sob o peso da violência institucional e simbólica.

4. Os pesquisadores franceses desenvolveram muito, nestes últimos anos, uma distinção particularmente útil do ponto de vista teórico e prático: a distinção entre a violência, a transgressão e a incivilidade. O termo *violência*, pensam eles, deve ser reservado ao que ataca a lei com uso da força ou que ameaça usá-la: lesões, extorsão, tráfico de drogas na escola, insultos graves. A *transgressão* é o comportamento contrário ao regulamento interno do estabelecimento (mas não ilegal do ponto de vista da lei): absenteísmo, não-realização de trabalhos escolares, falta de respeito, etc. Enfim, a *incivilidade* não contradiz nem a lei, nem o regimento interno do estabelecimento, mas as regras da boa convivência: desordens, empurrões, grosserias, palavras ofensivas, geralmente ataque cotidiano ao direito de cada um (professor, funcionários, aluno) ser respeitado.

Tal distinção é particularmente útil não só porque permite não misturar tudo em uma única categoria mas também porque designa diferentes lugares e formas de tratamento dos fenômenos. Assim, um tráfico de drogas não depende do conselho de disciplina do estabelecimento, mas da polícia e da Justiça; inversamente, um insulto ao professor deve ser tratado pelas instâncias do estabelecimento e não justifica que se chame a polícia. Quanto à incivilidade, ela depende fundamentalmente de uma intervenção educativa.

Todavia, essa distinção é frágil e talvez esteja ultrapassada, em parte, para descrever o que se passa hoje em alguns estabelecimentos escolares: de um lado, violências, transgressões e incivilidades estão, por vezes, intimamente misturadas nos comportamentos cotidianos; de outro, o acúmulo de incivilidades (pequenas grosserias, piadas de mau gosto, recusa ao trabalho, indiferença ostensiva para com o ensino, etc.) cria, às vezes, um clima em que professores e alunos sentem-se profundamente atingidos em sua identidade pessoal e profissional – um ataque à dignidade que merece o nome de violência.

Alguns pesquisadores, considerando que não têm como tais, nenhuma legitimidade para estabelecer a norma (que apresenta sempre um caráter ético) e, portanto, para dizer o que é violência e o que não o é, procederam a enquetes de vitimação: pergunta-se aos alunos se já foram vítimas de alguma violência na escola e de que tipo de violência. É o próprio aluno, e não o pesquisador, que diz o que deve ser considerado como violência. Essas enquetes dão resultados particularmente interessantes. Assim, C. Carra e F. Sicot realizaram, em 1994-95, uma enquete de vitimação junto a 2.855 alunos de uma região que não é especialmente atingida pelo fenômeno da violência escolar: 70% dos alunos se declararam vítimas de pelo menos um ato de violência.[3] De que se tratava?

- 47,8% dos alunos se declaram vítimas de falta de respeito (da parte de outros alunos ou de professores);
- 27,7%, vítimas de casos de pertences pessoais danificados;
- 23,7%, de furtos;
- 15,8%, de chantagem;
- 15,65 %, de golpes;
- 9,7%, de racismo;
- 4,35 %, de extorsão;
- 2,85 %, de agressão ou de assédio sexuais.

Não são os golpes, ou a extorsão, nem mesmo os furtos (isto é, os fenômenos mais midiatizados) que mais freqüentemente são invocados, mas os ataques à pessoa ou a seus bens na vida cotidiana (inclusive o racismo, que as instituições escolares e seus agentes seguidamente deixam passar em silêncio quando se fala de violência na escola, etc.).

Esses resultados da pesquisa induzem à classificação da "violência na escola" além do que é tratado na mídia e ao interesse também pelas múltiplas fontes de tensão – sociais, institucionais, relacionais, pedagógicas – que hoje agitam a escola e que, sobre cuja base, produzem-se, às vezes, incidentes "violentos" em um sentido mais estrito do termo. É o que vou fazer agora, mas queria antes destacar uma dificuldade com a qual se debate a pesquisa quando ela opera a partir de tais enquetes de vitimação. Essas enquetes põem em evidência um *continuum* da violência: em um pólo, a palavra ofensiva, o empurrão ou a caneta furtada; no outro, os golpes, até mesmo o homicídio ou o estupro. Com toda a neutralidade científica, o pesquisador pode apenas constatar esse *continuum* e recusar-se a definir limiares ou fronteiras. Mas isso traz dificuldades. De um lado, induz um efeito ideológico: a idéia de que se passaria insensivelmente da pequena incivilidade (o empurrão) ao crime mais grave (o homicídio ou o roubo); a neutralidade científica tende, assim, a deduções ideológicas... De outro, o sociólogo se acha confrontado com atores da vida social (juízes, médicos ou, muito simplesmente, diretores de escola) que têm necessidade de normas e não podem aceitar a idéia de um *continuum* da violência. É difícil falar da violência sem fixar normas. Mas parece impossível falar dela rigorosamente, fixando normas...

SOB A VIOLÊNCIA: A TENSÃO COTIDIANA

Quando se analisam escolas onde a violência é grande, encontra-se uma situação de forte tensão; inversamente, quando se analisam aquelas em que a violência diminuiu, encontra-se uma equipe de direção e de professores que soube reduzir o nível de tensão. A questão fundamental é esta: os incidentes violentos se produzem sobre um fundo de tensão social e escolar forte; em tal situação, uma simples faísca que sobrevenha (um conflito, às vezes menor), provoca a explosão (o ato violento). É preciso, portanto, dedicar-se às fontes dessa tensão.

Algumas dessas fontes estão diretamente ligadas ao estado da sociedade e do bairro. Quando o próprio bairro é presa da violência, é maior a probabilidade de que a escola também seja atingida. Todavia é apenas uma probabilidade, e é necessário desconfiar dos raciocínios demasiado automáticos: assim, encontram-se escolas onde há pouca violência, nos bairros que são violentos. Do mesmo modo, é preciso desconfiar de um raciocínio automático sobre a questão do desemprego. Certamente este é uma fonte importante de tensão social e, por conseguinte, de violência. Mas os dados empíricos mostram que o desemprego produz efeitos complexos e, às vezes, contraditórios: ele é fonte de desmobilização escolar (os alunos dizem que não vale a pena aprender, pois, de qualquer maneira, com seu diploma, eles não encontrarão trabalho); mas também, e freqüentemente, para alguns alunos é fonte de mobilização escolar (os jovens dizem que, por conseguinte, é preciso mais e melhores diplomas).[4]

De fato, as questões-chave parecem ser as do novo modo de articulação entre a escola e a sociedade e a do sentido da escola induzido por esse modo. Pouco a pouco, a partir dos anos 1960, a escola começou a se tornar o meio mais seguro de ter, mais tarde, "uma boa profissão" ou mesmo, muito simplesmente, um trabalho. Hoje a possibilidade de encontrar trabalho e, principalmente, a de encontrar um "bom emprego" (interessante, bem pago, bem situado na hierarquia social) dependem do nível de êxito na escola. Por conseqüência, esse êxito é um ponto de passagem obrigatório para se ter uma vida "normal" e, ainda mais, para se beneficiar de uma ascensão social. Em outras palavras, é sua vida futura que os jovens jogam na escola. Há aí uma fonte de forte tensão no universo escolar. Essa tensão é ainda mais forte porque a representação da escola como via de inserção profissional e social apagou a idéia dela como lugar de sentido e de prazer. De sorte que o distanciamento é cada vez maior entre a importância da escola (que permite ascender a uma vida desejável ou, ao menos, "normal") e o vazio da escola no dia-a-dia (onde o jovem, sobretudo nos meios populares, aprende coisas que não têm sentido para ele).

Essa distância aparece claramente nas entrevistas empíricas sob a forma de desnível entre a lógica escolar dos professores e, geralmente, das classes médias, e a lógica dos alunos de meio popular. Já não é evidente para estes alunos que se deve ir à escola para aprender: o essencial é, para eles, "passar" de ano e ter um diploma, e aprender nada mais é do que uma obrigação (lamentável...) para conseguir isso. Também já não é evidente que o aluno deve ter a obrigação de ir à escola todos os dias (afinal de contas, quando ele não está lá, não incomoda ninguém...) e de participar das atividades (se ele não perturba o professor, não há nada a reprovar, mesmo que ele não estude...). Já não é evidente que a orientação decidida pelos professores tenha uma legitimidade (mesmo que o aluno seja muito mau em matemática e que tenha escolhido uma orientação que exija competências nessa matéria: pensando bem, ele tem, sim, o direito de "tentar sua sorte", e não cabe aos professores decidir que profissão ele terá mais tarde...). Da mesma forma, o aluno que se esforçou e recebeu uma nota baixa (porque seu trabalho não é bom, apesar de seu esforço) julga-se vítima de uma "injustiça". Poder-se-ia, assim, multiplicar os exemplos que revelam que muitos alunos de meio popular não entram na lógica da instituição escolar – o que é fonte de revolta em relação aos métodos da instituição e, mais ainda, de uma tensão que leva a incidentes violentos.

Não é só a lógica da instituição que resta obscura aos olhos dos alunos, é seguidamente a do próprio saber e, por conseguinte, do ato de ensino/aprendizagem. Assim, as enquetes empíricas mostram que, para muitos alunos, é o professor que é ativo nesse ato, e não o aluno. Este deve, pensa ele, ir à escola, não fazer muitas besteiras e "escutar" o professor. Se ele faz isso, está em ordem, e o que se segue não depende dele, mas do professor, que explica mais ou menos bem (bem explicar e reexplicar sem se irritar, sendo, aos olhos dos alunos, a primeira qualidade do bom professor): se o professor explica bem, o aluno saberá, se não, ele não saberá; como diz um aluno, indo até o fundo desta lógica: a nota, na verdade, dá nota ao professor. Dito de outro modo, se o aluno não sabe, o erro é do professor e da escola. Há aí, na própria relação com a escola e com o saber, uma fonte muito importante da tensão social no cotidiano.

Deve-se, portanto, conceder uma grande atenção à questão da relação com o saber quando se trabalha (como pesquisador ou como professor) sobre a questão da violência na escola. Certamente essa é uma questão que está vinculada ao estado da sociedade, às formas de dominação, à desigualdade e às práticas da instituição (organização do estabelecimento, regras de vida coletiva, relações interpessoais, etc.). Mas é também uma questão que está ligada às práticas de ensino cotidianas que, em último caso, constituem o coração do reator escolar: é bem raro encontrar alunos violentos entre os que acham sentido e prazer na escola ...

Tal conclusão evidentemente faz recair uma pesada responsabilidade sobre os professores, mas esta lhes atribui também uma dignidade profissional que os trabalhos sociológicos, estabelecendo uma relação direta entre o social e o escolar, tendem a retirar deles.

NOTAS

1. Existe na França um ensino médio profissional em que são escolarizados os alunos fracassados no ensino anterior.
2. Ver Jacques Pain, *Écoles, violence ou pédagogie?* MATRICE, 1992.
3. Ver Cécile Carra e François Sicot, Une autre perspective sur les violences scolaires: l'expérience de victimation, in Bernard Charlot e Jean-Claude Émin (org.), *Violences à l'école: état des savoirs,* Armand Colin, 1997.
4. Ver Bernard Charlot, *Le Rapport au savoir en milieu populaire,* Anthropos, 1999.

8
Educação e culturas*

Gostaria, primeiramente, para definir bem o lugar do qual estou falando em minha intervenção, de destacar a situação paradoxal em que nos encontramos neste momento: estamos participando de um Fórum Mundial contra a globalização. Para resolver esse paradoxo, é preciso compreender que hoje não há apenas duas opções – contra ou favor à globalização –, mas três:

- Defender o mundo atual, ou recente, aquele no qual cada um se organiza em si mesmo, defende seus interesses, sem se preocupar demais com o que ocorre lá fora.
- Aceitar a globalização neoliberal, que não é uma mundialização, ao contrário do que se diz com freqüência. De uma certa maneira, é o inverso mesmo da mundialização. O que se apresenta atualmente não é um espaço-mundo; é um conjunto de redes percorridas por fluxos (de capitais, de informações, de populações). Os lugares que não encontram uma função nessas redes articuladas são pilhados ou abandonados à sua própria sorte – sendo o símbolo atual desse abandono o continente africano. A globalização não mundializa; ela constrói redes de força e abandona as partes do mundo que não são úteis a essas redes.
- Mobilizar-se para construir um mundo solidário, uma "mundialização-solidariedade".

---

*Este texto é uma conferência feita em português no primeiro Fórum Mundial da Educação de Porto Alegre, em outubro de 2001. Foi publicado em francês, inglês, italiano, grego e espanhol, aparecendo aqui pela primeira vez em português.

Essa última opção é a minha e acredito que é também a que dá sentido a este Fórum. Sou hostil à globalização neoliberal por razões que esclarecerei adiante, mas não quero, no entanto, defender o mundo atual, este das desigualdades, das opressões, das dominações. É preciso ter atenção para que os discursos contra a globalização não sirvam para proteger aqueles que querem manter seus privilégios, bem tranqüilos em um pequeno espaço em que são dominantes. A situação atual não é satisfatória e precisamos tentar mudá-la. Aliás, queiramos ou não, o mundo está mais "aberto" do que antigamente, e não voltará a ser como antes. A escolha não está entre mundializar ou não; está entre a globalização neoliberal atual e a mundialização-solidariedade.

Buscarei, portanto, em minha intervenção, analisar como aparece atualmente o problema das relações entre Educação e culturas (no plural), compreender como se poderia colocá-lo em um projeto de mundialização-solidariedade e explicar por que a globalização neoliberal não somente não respeita as diferenças culturais como também, de maneira mais radical, nega a dimensão cultural do ser humano.

Estou definindo cultura, simplesmente, como um conjunto de práticas, de representações, de comportamentos, referente a um grupo humano estruturado de acordo com certas lógicas de sentido e que apresenta uma certa estabilidade.

O DIREITO A RAÍZES

Comecemos pela situação atual: aquela em que a escola desconhece ou que se recusa a levar em consideração as especificidades culturais dos alunos. Essa situação, observemos, é anterior à globalização, que não é culpada por tudo o que não funciona em nossa sociedade e em nossas escolas. Culturalmente, a escola é o mundo do homem branco, do sexo masculino (embora aqueles que ensinam sejam, em sua maioria, mulheres...), da classe média.

O problema da não-consideração das especificidades culturais dos alunos que pertencem aos grupos socialmente dominados aparece quase em toda parte. Ocorre na França, onde existem reivindicações pelo reconhecimento de línguas e de culturas regionais e, principalmente, nas ilhas que são departamentos ou territórios franceses (Antilhas, onde há uma reivindicação crioula; a Nova Macedônia, onde se buscaram organizar escolas *kanakes*). O problema aparece igualmente aqui, no Brasil, onde se desenvolve um forte movimento pelo reconhecimento das raízes africanas e das indígenas da cultura brasileira. Poderíamos mencionar muitos outros países, tais como Argélia, Bélgica e os países africanos. Há também, em diversos lugares, a questão das mulheres e de suas contribuições específicas na história do homem (entendido aqui como espécie humana).

Diante dessa situação, em todo o mundo, a esquerda, ou ao menos uma parte da esquerda – pois há também uma esquerda nacionalista que se recusa a reconhecer as especificidades culturais – afirma o direito de cada um de ser educado em sua cultura. Trata-se de uma afirmação de princípios, a do direito de cada um à diferença cultural e a uma identidade enraizada em suas origens. Além disso, é também de uma exigência de eficácia: uma educação que não leva em conta as raízes da criança a mergulha em contradições que podem acarretar o fracasso escolar. Esse princípio e essa exigência se traduzem, especialmente no Brasil, em tentativas de criar vínculos entre a escola e a comunidade em que a criança vive.

Depois de ter destacado a legitimidade da consideração por parte da escola das especificidades culturais, no entanto, gostaria de salientar igualmente as dificuldades de princípios que tal consideração implica.

DE QUAL CULTURA "DE ORIGEM" ESTAMOS FALANDO?

Em primeiro lugar, é muito difícil definir as culturas das quais se evocam, assim, as especificidades: o que é a cultura arabo-muçulmana para um filho de imigrante argelino nascido na periferia parisiense? O que é a cultura afro, a cultura "negra", como alguns militantes brasileiros exigem que seja chamada, para um jovem brasileiro das favelas de Recife ou mesmo de Salvador? Esses jovens vêem televisão, escutam música em língua inglesa, comem *hot dog* (mesmo que aqui, no Brasil, tenha sido renomeado de "cachorro-quente") e sonham em ter um carro alemão... A cultura desse jovem negro brasileiro não é a mesma de seus ancestrais africanos, assim como a cultura do jovem branco de Porto Alegre não é aquela de Portugal, da Itália, da Alemanha ou da Polônia dos séculos XVIII e XIX. É preciso ter cuidado para não impor ao jovem, em nome da diferença cultural e da sua origem, uma cultura da qual ele está ainda mais afastado que da cultura dominante; para não lhe impor uma cultura "morta" – morta porque não faz mais sentido para o que o jovem vive atualmente.

Se a cultura dos ancestrais não existe mais como sistema de interpretação do mundo coerente e suficiente, ela deixou, entretanto, marcas na vida cotidiana. Alguns desses traços são fortes, como a língua, que expressa uma certa concepção de mundo. Outros são mais fragmentários: práticas sociais ou religiosas específicas, preferências alimentares, músicas e danças, produções artísticas. É importante que a escola considere essas heranças culturais, trabalhe-as, esclareça-as; é importante para o jovem cujos ancestrais pertenciam a essa cultura: para se construir, um sujeito precisa se inscrever em uma descendência, ter raízes, origens, e precisa que essas raízes sejam reconhecidas de maneira positiva, validadas socialmente. É isso que importa, e não viver como viviam os ancestrais. Mas o conhecimento e o reconhecimento de outras culturas pelos jovens – além daquela da qual eles fazem parte – também é importante. Goethe disse: "Quem não conhece nenhuma língua estrangeira não conhece a fundo sua própria língua". Essa idéia pode ser estendida à cultura: quem nunca se deparou com uma outra cultura, reconhecendo-a como legítima, não sabe que sua cultura é uma cultura; vive sua cultura de modo evidente, como um modo de vida natural, o único possível, sem a distância que lhe permite tomar consciência de que se trata de uma cultura. Em outras palavras, a cultura dos outros não é somente para os outros, é também para nós. Somente o reconhecimento da diferença cultural do outro valida nossa diferença como sendo também cultural. E nesse duplo reconhecimento do outro e de nós mesmos aparece o fato de que temos em comum algo de fundamental: somos todos frutos da cultura, por mais diferente que ela seja, e não frutos da natureza; somos todos seres humanos, com a dignidade e o direito ao respeito que isso implica.

Esse raciocínio resulta em uma questão muito concreta: respeitar as diferenças culturais é organizar escolas culturalmente diferentes, ou é acolher a diversidade cultural em uma escola para todos? De minha parte, tenho preferência pela segunda opção. A primeira é aquela do passado e é, aliás, muitas vezes em referência ao passado que se busca definir as especificidades culturais. Posso compreender que povos ou populações que foram historicamente explorados, massacrados, negados em sua dignidade e em seu valor cultural, adotem essa opção, exigindo que seus ancestrais e eles próprios sejam culturalmente reabilitados. Mas a mundialização-solidariedade implica uma escola que faça funcionar, ao mesmo tempo, os dois princípios da diferença cultural e da identidade como ser humano, os princípios do direito à diferença e do direito à semelhança. Acima de tudo, é a diferença cultural que a África do Sul impunha aos negros no regime do *apartheid*; e o que ela lhes negava não era a diferença, mas a semelhança, a identidade fundamental entre brancos e negros como seres humanos. É o mesmo que acontece com os descendentes de argelinos na França ou com os descendentes de escravos no Brasil: não é que sua diferença não seja reconhecida; é que não se reconhece, simultaneamente, sua diferença e sua similitude. A diferença só é um direito se for afirmada com base na similitude, na universalidade do ser humano.

A CULTURA DA COMUNIDADE

Gostaria de analisar agora uma outra reivindicação sensivelmente distinta da anterior: a que diz respeito ao princípio da diferença cultural não mais em referência a uma origem, mas em referência a uma comunidade de vida. É uma reivindicação que se ouve com freqüência no Brasil: em sua vida cotidiana fora da escola, os jovens têm práticas, representações, valores que a escola desconhece ou não reconhece. Conseqüentemente, a cultura que a escola lhes impõe não faz sentido para eles e, ao mesmo tempo, esses jovens não vão bem na escola e são privados desse distanciamento em relação ao que vivem, o que poderia transformar em cultura reflexiva aquilo que continua sendo uma vida cotidiana sem distanciamento.

Essa argumentação é válida. A cultura é uma construção de sentido que permite tomar consciência de suas relações com o mundo, com os outros e consigo mesmo. Se a escola propõe aos jovens sistemas de sentido que não têm nenhuma relação com o que vivem, esses sistemas constituem para os jovens discursos vazios, que eles repetirão no dia da prova e esquecerão em seguida, que não lhes darão a possibilidade de se reconstruir.

Tal escola relacionada à comunidade se depara, entretanto, com uma forte objeção: o que o jovem vive em uma comunidade dominada é, ao mesmo tempo, os efeitos da dominação e a cultura de sobrevivência, às vezes de resistência, que a comunidade desenvolveu. É preciso ter atenção ao vincular educação e comunidade, para não adaptar bem demais o jovem a uma situação de opressão, de sobrevivência. Se o que se quer é que ele desenvolva uma cultura de resistência, de luta, de mudança, é preciso que a escola lhe permita compreender que a vida é outra do lado de fora, em outras classes sociais e em outros lugares, que foi diferente outrora e que pode ser diferente amanhã. Ora, quem mais pode abrir aos jovens as janelas do espaço e do tempo, quem lhes fará descobrir que um outro mundo é possível senão a escola? A escola deve levar em consideração a cultura da comunidade, mas deve também ampliar o mundo da criança para além da comunidade. Evidentemente, isso pode levar a criança a sair da comunidade em vez de lutar por ela, mas é preciso aceitar esse risco: o direito à diferença é um direito, e não uma obrigação; e o sujeito tem direito também de se afirmar como diferente do grupo no qual nasceu.

Em outras palavras, a cultura expressa e explicita o que se vive em sua comunidade, mas vai sempre além da simples interiorização das normas dessa comunidade. A cultura, ao menos no mundo de hoje, apresenta uma dimensão de universalidade e de singularidade e não pode ser reduzida à sua dimensão comunitária.

A EDUCAÇÃO COMO HUMANIZAÇÃO, SOCIALIZAÇÃO E SINGULARIZAÇÃO

Gostaria de insistir na idéia da educação como humanização, socialização e singularização que permite fundamentar o princípio de uma mundialização-solidariedade. Farei isso a partir da questão da educação. O que é a educação? É o processo pelo qual um "filhote" da espécie humana, inacabado, desprovido dos instintos e das capacidades que lhe permitiriam sobreviver rapidamente sozinho, apropria-se, graças à mediação dos adultos, de um patrimônio humano de saberes, de práticas, de formas subjetivas, de obras. Essa apropriação lhe permite tornar-se, ao mesmo tempo e no mesmo movimento, um ser humano, membro de uma sociedade e de uma comunidade e um sujeito singular, absolutamente original. A educação é um triplo processo de humanização, de socialização e de singularização. Esse triplo processo só é possível pela apropriação de um patrimônio humano. Isso quer dizer que a educação é cultura, e isso com três significados que não devem ser dissociados:

- É cultura porque é humanização. É um ingresso *na* cultura, isto é, no universo dos signos, dos símbolos, da construção de sentido.
- Em segundo lugar, porque é socialização. Ninguém pode se apropriar do patrimônio humano em sua integralidade, da totalidade do que a espécie humana produziu ao longo da história. Entrar *na* cultura só é possível entrando em *uma* cultura, aquela de um determinado grupo social, em um dado momento histórico.
- Em terceiro lugar, porque é o movimento pelo qual *eu me* cultivo. Entrar *na* cultura, em *uma* cultura, permite-me constituir minha cultura. Vigotski e Leontiev diriam: apropriar-me das significações sociais como sentidos pessoais.

Essa é a fórmula que permite fundamentar, de nosso ponto de vista, uma mundialização-solidariedade: a educação é, indissociavelmente, ingresso *na* cultura, em *uma* cultura e em *minha* cultura. A mundialização-solidariedade implica o respeito às diferenças culturais: entra-se *na* cultura somente entrando em *uma* cultura, diferente de outras culturas. Ou ainda: constituo *minha* cultura na base das relações com o mundo, com os outros e comigo mesmo, que estruturam meu ambiente de vida. Mas a mundialização-solidariedade implica ainda, para que o respeito às diferenças culturais não seja um fechamento, que a cultura de meu grupo seja questionada também em relação à universalidade do homem e à singularidade do sujeito. Esse princípio não é puramente abstrato, ele tem conseqüências bastante concretas. Por exemplo, pode-se evocar tanto quanto se queira a diferença cultural, mas isso nunca me fará aceitar que os homens escondam as mulheres atrás de paredes ou de véus. Ao contrário, pode-se evocar o universalismo tanto quanto se queira, mas isso nunca me fará recusar o direito a uma mulher de usar um pedaço de tecido sobre sua cabeça se ela assim deseja para afirmar sua identidade étnica ou religiosa. Repito: se ela assim deseja, se foi ela quem decidiu e se ela teve escolha.

A mundialização-solidariedade implica que eu reconheça o outro em sua diferença cultural, em sua identidade comigo mesmo e em sua singularidade de sujeito. Ora, não é – e está longe de ser – ao que nos levam as evoluções da educação no mundo capitalista há 40 anos e, muito menos ainda, a atual globalização neoliberal.

Falo de capitalismo, e não simplesmente de globalização, pois, para compreender o que se passa atualmente, é preciso voltar ao início dos anos 1960. Foi nesse momento que a questão da educação deixou de ser prioritariamente uma questão política e cultural para se tornar, acima de tudo, uma questão socioeconômica. Essa transformação foi muito clara na França, onde a questão educativa foi historicamente muito politizada. A escola francesa construída no século XIX tinha como função garantir as bases da unidade nacional e, ao mesmo tempo, reproduzir uma sociedade desigual e intensamente hierarquizada. Tratava-se, então, como se dizia por volta de 1850, de "moralizar o povo pela educação". Tal projeto era fundamentalmente político e cultural. A partir dos anos 1960, esse Estado educador cedeu lugar a um Estado desenvolvimentista: o Estado organizava e impulsionava o desenvolvimento econômico do país e utilizava o sistema escolar para servir a esse desenvolvimento. Essa política existia também em outros países, principalmente no Japão. No mundo inteiro, a partir de então, pensa-se na escola em uma lógica de desenvolvimento econômico – o que gera, e desse ponto de vista o efeito é positivo, o projeto de uma educação de base para o conjunto dos jovens.

Essa predominância da lógica econômica produz igualmente um efeito profundamente negativo: pouco a pouco, a idéia se impõe como uma evidência, inclusive para os jovens e para seus pais, de que se vai à escola para se ter mais tarde um emprego, um bom emprego, para subir na escala social. Trabalhei muito essas questões como pesquisador, e as pesquisas, confirmadas em outros países além da França, mostram que muitos jovens atualmente não vão à escola para aprender, mas para passar para a próxima série, para obter um diploma e para ter um bom emprego que dê dinheiro. A escola como espaço de saber e de cultura desaparece aos poucos, dando lugar à escola como meio de inserção profissional e de acesso ao dinheiro. Penso, por exemplo, nesse jovem que me explicava que a poesia é para aqueles que querem ser poetas no futuro, ou naquele outro, para quem estudar História deveria caber somente aos futuros professores de História.

De uma certa forma, não é correto dizer que o capitalismo contemporâneo e a globalização impõem uma cultura dominante – a não ser que se considere que o mundo organizado em torno do dinheiro é também uma forma de cultura. Eles não impõem uma cultura dominante; eles nos fazem sair da problemática da cultura compreendida como sistema de sentido. Isso é o principal! Certamente, as lógicas capitalistas contemporâneas ignoram as diferenças culturais, mas não é porque não se interessam pelas diferenças, é porque não pensam em termos de cultura. A lógica dominante, aquela que a globalização impõe aos poucos, é a lógica do mercado e do dinheiro. Hoje, tudo se transforma em produto, em mercadoria em um "livre" mercado, inclusive o esporte, a arte, a educação e a cultura. O dinheiro está tornando-se o equivalente universal não somente do trabalho (como já havia mostrado Marx) mas também do saber e de toda produção simbólica. O novo universalismo é aquele do dinheiro, equivalente, critério e medida de qualquer produto da atividade humana. O dinheiro está tornando-se a única face do homem – de um homem alienado, teria dito o jovem Marx, isto é, que se tornou estranho a si mesmo.

Essa lógica capitalista se endureceu com a globalização neoliberal. Não estamos entrando na sociedade do saber, como se diz freqüentemente, mas na sociedade da informação. A informação e o saber não são a mesma coisa: a informação é o enunciado de um fato – fato que eu poderia, eventualmente, explorar para ganhar dinheiro; o saber começa quando o conhecimento desse fato produz sentido sobre o mundo, sobre a vida, sobre os outros, sobre mim mesmo. Dispomos, potencialmente, cada vez mais de informações, mas essas informações produzem cada vez menos sentido, saber e cultura.

A escola é direta e radicalmente atingida por essas transformações, sobretudo porque, aos poucos, se organiza um mercado concorrencial da educação, com multiplicação das escolas privadas e introdução da concorrência entre as próprias escolas públicas. Com a globalização, a lógica econômica se aprofunda em lógica de gestão: os critérios de rentabilidade da empresa privada são impostos aos serviços públicos, inclusive à escola.

A escola, porém, é atingida ainda mais profundamente pelo fato de que o saber cede lugar à informação, o trabalho sobre o sentido cede lugar à corrida aos diplomas, os universos simbólicos só têm valor social reconhecido à medida que fornecem produtos para um mercado. Ora, é através desses universos simbólicos que o homem se humaniza, torna-se membro de uma comunidade e constrói-se como sujeito. Quando esses universos não são mais do que apenas produtos para um mercado, a escola tende a não ser mais do que uma loja onde se adquire esses produtos e que entra em concorrência com outras lojas.

Do ponto de vista da problemática da cultura, o desafio de uma mundialização-solidariedade é, portanto, duplo: quanto à situação atual, acolher a diversidade cultural sem, no entanto, fechar-se em culturas fechadas em si mesmas; quanto à globalização e ao universalismo abstrato e alienante do dinheiro, desenvolver um universalismo da cultura como condição humana, universalismo que integre a diferença cultural. E se perguntarem o que isso quer dizer concretamente, no dia-a-dia da escola, a resposta é fácil: não ensinar informações, mas saberes, ensinar para que os jovens compreendam melhor o sentido do mundo, da vida humana, das relações com os outros, das relações consigo mesmo. É respeitando esse direito ao sentido que a educação contribuirá para a construção de uma mundialização-solidariedade.

9

Uma educação democrática para um mundo solidário – Uma educação solidária para um mundo democrático*

Este texto tem por objetivo apresentar as análises, as conclusões e as principais propostas resultantes do Fórum Mundial da Educação (FME), realizado em Porto Alegre, de 24 a 27 de outubro de 2001. Esse FME adotou explicitamente a dinâmica do primeiro Fórum Mundial Social (FSM), de janeiro de 2001, e a perspectiva do segundo FSM. Reuniu cerca de 15 mil pessoas, provenientes de 60 países: professores e educadores, universitários e pesquisadores, diretores e dirigentes de escolas ou de instituições educacionais, mas também estudantes, representantes sindicais ou de movimentos sociais engajados na luta por uma sociedade e um mundo mais democráticos, mais solidários e mais justos.

Os temas das conferências e dos debates permitem perceber as orientações do FME. Quatro conferências plenárias foram dedicadas aos seguintes

---

*Na seqüência do primeiro Fórum Mundial de Educação, Bernard Charlot foi encarregado de apresentar (em português) as conclusões desse FME ao segundo Fórum Social Mundial (FSM, 2002). Para isso, ele teve acesso a uma grande parte dos relatórios do FME (graças à ajuda de Maria-Beatriz Luce, da Faculdade de Educação da UFRGS). O texto constitui, portanto, uma síntese de idéias do primeiro FME, organizadas e interpretadas por Bernard Charlot. O texto original foi ligeiramente modificado em um ponto (que se refere ao trabalho e à formação profissional) para incluir os debates que se seguiram à apresentação do texto ao FSM. Esse texto foi publicado em francês (França e Canadá), em inglês e em alemão, e só agora aparece pela primeira vez em português.

temas: "a educação como direito", "educação, trabalho e tecnologia", "educação e culturas", "educação, transformação e utopias". Quatro debates "especiais" trataram sobre a educação em relação com os organismos internacionais, a sociedade da informação, a educação popular, os movimentos de resistência e as alternativas às políticas neoliberais. Foram organizados igualmente 12 debates temáticos, além de 772 relatórios que expunham políticas, experiências e pesquisas realizadas e 29 fóruns, encontros e colóquios "paralelos". Jamais um encontro de tamanha amplitude tinha sido organizado antes, encontro marcado pela diversidade dos participantes e dos temas abordados e, ao mesmo tempo, pela convergência das esperanças e das lutas.

É impossível, evidentemente, resumir a totalidade das idéias trocadas durante esses quatro dias. Aqui serão apresentadas apenas as análises da situação atual da educação em um mundo vítima da globalização neoliberal e os princípios fundamentais afirmados pelo FME, princípios dos quais resultam algumas propostas.

A EDUCAÇÃO VÍTIMA DA GLOBALIZAÇÃO NEOLIBERAL

O princípio de base afirmado pelo FME é o que conclui a Carta redigida durante o Fórum: "a educação pública para todos como direito social inalienável, educação garantida e financiada pelo Estado, jamais reduzida à condição de mercadoria e de serviço, na perspectiva de uma sociedade solidária, democrática, igualitária e justa". Esse princípio se opõe à lógica instaurada pela globalização neoliberal e, mais especificamente, pelo Fundo Monetário Internacional, pela Organização Mundial do Comércio e, sobretudo, pelo Banco Mundial, cuja visão tornou-se predominante nas políticas internacionais sobre a educação ao longo dos anos 1980. Essa visão pode ser resumida pelos seguintes pontos:

- A educação deve ser pensada e organizada, prioritariamente, em uma lógica econômica e como preparação ao mercado de trabalho. Ela é a acumulação de um capital humano, pensada em termos de custo/benefício, dependendo, portanto, como qualquer outro capital e qualquer outra mercadoria, de um mercado.
- Conseqüentemente, os investimentos educativos e os currículos escolares devem ser pensados em termos de adequação às demandas do mercado. Por um lado, é preciso preparar trabalhadores "empregáveis", "flexíveis", "adaptáveis" e "competitivos", o que se traduz por uma pressão dos setores econômicos sobre os currículos escolares; por outro, é preciso desenvolver uma educação de base para todos – concebida em aproximadamente quatro anos – e, ao mesmo tempo, organizar o ensino médio e superior de acordo com as exigências do mercado e sob a forma de um mercado educativo sem regulamento. Esse esforço para

submeter a educação aos padrões do mercado capitalista aparece em todos os níveis, inclusive no ensino superior e no nível da pesquisa, cada vez mais dependente dos interesses e dos recursos do grande capital.

Essa visão de educação, imposta por certos organismos internacionais, teve como efeito muito concreto colocar um número crescente de países diante de um dilema: devem escolher entre pagar a dívida externa – resultante de interesses exorbitantes – ou proporcionar uma educação a todos.
Tal visão traz várias conseqüências, tais como:

- Sendo ocultada a dimensão fundamentalmente cultural e humana da educação, o direito à identidade cultural e à diferença cultural, já malrespeitado antes da globalização, não existe de maneira alguma. A dimensão universalista, referente ao que é comum a todo homem para além de qualquer diferença cultural, também não é levada em consideração. A questão da diferença cultural e do universalismo, do direito a ser diferente culturalmente e, ao mesmo tempo, semelhante – igual! – em termos de dignidade e de reconhecimento não está em debate: da educação se quer saber apenas a respeito de seus aspectos econômicos e profissionais. Nessa lógica de desvalorização da cultura, portanto dos universos simbólicos (lógica que se constata também no setor da arte ou da comunicação), são as próprias referências que permitem ao sujeito se construir que ficam ameaçadas. Como espantar-se a partir daí com as explosões de violência e, de uma forma mais geral, da violência difusa e onipresente nas sociedade contemporâneas? Desse modo, a redução da educação ao estatuto de mercadoria resultante do neoliberalismo ameaça o homem em seu universalismo humano, em sua diferença cultural e em sua construção como sujeito.
- O papel do Estado em matéria de educação é contestado e, de fato, recua. Quanto mais adiante vai o ataque do neoliberalismo a todas as formas de regulamentação, portanto, a todos os espaços públicos e à própria cultura do serviço público, mais contestado é seu papel. A intervenção do Estado só é ainda considerada como legítima a fim de gerar e limitar os desgastes sociais, e assim os riscos de explosão social, relacionados a essas políticas educativas neoliberais: espera-se que ele crie políticas pontuais e compensatórias junto a algumas populações – que podem constituir, aliás, a maioria da população de um país... A educação é, então, concebida como ajuda social, e não mais como direito humano e projeto de dimensão universal e cidadã.
- Nessa situação, assiste-se a uma progressão do ensino privado em todos os níveis e especialmente no universitário. Assiste-se também a uma introdução da lógica do mercado nas próprias instituições públicas, cada vez mais em concorrência, não somente com as instituições privadas, mas também entre si. No nível universitário, busca-se impor

a idéia de que as universidades, inclusive as públicas, devem se autofinanciar. Algumas vezes, por outro lado, e de forma cada vez mais marcada, não é somente a lógica do mercado que invade assim a escola, são as próprias empresas – os bancos, as grandes multinacionais – que se introduzem cinicamente na escola para ali vender ou valorizar seus produtos e serviços.

- Os índices de escolaridade de base aumentam, mas as desigualdades sociais referentes ao acesso ao saber se agravam. Isso porque se pede à escola pública de base para incluir populações cuja exclusão ou marginalização a lógica neoliberal provoca; agravam-se porque a escola pública deve enfrentar essa contradição sem que sejam disponibilizados investimentos suficientes, seja em termos financeiros, em termos de formação de professores ou de pesquisas, e inovações pedagógicas; agravam-se porque os jovens são cada vez mais escolarizados em instituições diferentes, dependendo do *status* socioeconômico de seus pais. Constata-se, assim, o estabelecimento de redes educacionais cada vez mais diferenciadas e hierarquizadas. Nessas redes, a escola pública deve acolher as populações mais frágeis, nas condições mais difíceis. Com isso, percebe-se que à escolarização de base – que não é, aliás, nem mesmo realizada em vários países – perseguida por muito tempo, segue-se um fracasso em massa dos alunos, com iletrismo, abandonos, repetências, etc. É preciso considerar, no entanto, que a escola pública resiste e, em muitos casos, luta, inova, renova a si mesma.
- As primeiras vítimas dessa situação são as populações mais frágeis: pobres; filhos de imigrantes; comunidades indígenas; jovens que pertencem a minorias étnicas; religiosas ou culturais dominadas; famílias, por uma razão ou por outra, marginalizadas. Mas os professores são igualmente vítimas não somente porque suas condições de trabalho pioram mas também porque, em muitos lugares, é sua própria identidade que está fragilizada. Isso acontece especialmente quando se tenta redefini-los como técnicos da educação, esquecendo que, se é bom que aumente sua qualificação, esta só é eficaz quando acompanhada por um envolvimento ético.
- Paralelamente, assiste-se a tentativas para criar um mercado educativo a partir das novas tecnologias da informação e da comunicação. Esse mercado, que funciona conforme as leis da rentabilidade, que escapa a qualquer forma de regulamentação e que também não é acessível a todos, anuncia uma nova forma de exclusão: "a exclusão digital". Essas novas tecnologias servem como substitutos do Estado, desenvolvendo a ilusão de que a solução para os problemas está no equipamento geral em computadores e no estabelecimento de uma educação à distância, e não na melhoria da escola pública. Na verdade, por mais útil que possa ser, a tecnologia não poderia resolver sozinha os problemas. É muito difícil que o fato de contar com computadores no ensino

de base e acesso à *web* tenha motivado práticas inovadoras que permitissem resolver os problemas decorrentes da exclusão social e escolar.
- O pensamento neoliberal privilegia valores dos quais alguns sempre foram igualmente, e continuam sendo, valores dos educadores progressistas: a liberdade e a autonomia, a descentralização sobretudo. Essas palavras, porém, não têm o mesmo sentido para o pensamento neoliberal e para o pensamento progressista. É preciso, desse modo, tomar cuidado com a armadilha das palavras e tentar redefinir tais valores em relação ao projeto progressista de sociedade e de mundo e às lutas sociais.

PRINCÍPIOS DE BASE E PROPOSTAS PARA A EDUCAÇÃO EM UMA SOCIEDADE E EM UM MUNDO MAIS SOLIDÁRIOS, DEMOCRÁTICOS, IGUALITÁRIOS E JUSTOS

Dois princípios, aliás relacionados, devem guiar a reflexão e as propostas.

Em primeiro lugar, a educação é um direito, e não uma mercadoria. É um direito universal, vinculado à própria condição humana e é como direito que deve ser defendida. Ela não é prioritariamente instrumento de desenvolvimento econômico e social, mesmo que possa também ser considerada como tal secundariamente; também não é preparação para o mercado de trabalho tal como ele é, mesmo que possa constituir também processo de qualificação profissional – pensando em sua relação com as lutas para transformar as relações de produção e as relações sociais. Isso não quer dizer que seja preciso opor a educação do homem ao trabalho e ao desenvolvimento econômico e social. O trabalho é uma característica fundamental do homem e das sociedades humanas e deve, pois, ser levado em conta na educação; mas o trabalho e a formação profissional devem participar de uma educação mais ampla, e não sacrificar esta, como hoje se vê na sociedade capitalista e na lógica neoliberal da globalização.

A educação é, fundamentalmente, o triplo processo pelo qual, de maneira indissociável, o "filhote" de homem se torna um ser humano, membro de uma sociedade e de uma cultura em um dado momento e lugar, um sujeito com sua história pessoal. Ela é movimento de humanização, de socialização, de subjetivação; é cultura como entrada em universos simbólicos, como acesso a uma cultura específica, como movimento de construção de si mesmo; é direito ao sentido, às raízes, a um futuro; é direito ao universal, à diferença cultural, à originalidade pessoal. Todos esses direitos devem ser considerados.

Não é preciso esconder, porém, que às vezes eles entram em contradição. Certas formas de diversidade cultural podem contradizer direitos humanos fundamentais, especialmente no tratamento infligido às mulheres ou às crianças. Deve-se afirmar claramente que defender o pluralismo não é admitir o relativismo: o direito à diferença cultural não deve abrir um direito em recusar às mulheres o acesso à vida pública, em impor às crianças um trabalho precoce não-educativo, em mutilar crianças (práticas de clitorectomia, por exemplo). A legitimidade do direito à diferença vem da igual dignidade de todos os seres humanos e não poderia ser evocada contra essa dignidade e contra a igualdade. Ao contrário, a dimensão universalista de um projeto educativo progressista não deve servir para mascarar formas culturais dominantes, apresentadas abusivamente como universais. Do mesmo modo, se cada um tem direito a um grupo, trata-se de um direito, e não de uma obrigação: nenhum sujeito deve ser obrigado a permanecer na cultura ou na religião de seus ancestrais. A conciliação entre esses três direitos – ao universal, à diferença cultural e à história pessoal – nem sempre é fácil, inclusive no âmbito da educação. No entanto, isso se torna mais fácil quando a educação está relacionada a movimentos de luta progressistas por mais solidariedade, igualdade e justiça.

Em segundo lugar, a globalização em sua forma atual, neoliberal, não é a única possível. O fato de lutar contra essa globalização não implica um fechar-se em si, em seu grupo, sociedade ou país. Muito antes ao contrário: as lutas progressistas sempre foram lutas por mais solidariedade, dentro de um país e entre países. Às redes de dinheiro e de poder que estão globalizando o mundo, é preciso opor lutas para a construção de um mundo aberto, mas solidário: uma outra forma de globalização ou, como dissemos anteriormente, de mundialização.

A educação é um instrumento e um domínio importante para essas lutas na medida em que, por definição, apresenta uma dimensão universalista: quaisquer que sejam as diferenças entre culturas, são todas culturas construídas por seres humanos. Como um direito universal e na medida em que o projeto progressista visa a um mundo solidário, a educação é um instrumento importante de luta pela paz, contra todas as formas de violência, de discriminação, de exploração e de degradação do ser humano.

O fato de a educação ser um direito universal implica que a educação *pública* também deva ser considerada como tal. De fato, por um lado, a educação pública, e mais especificamente ainda a escola pública, é o único meio para os pobres e os mais fracos terem acesso à educação; de modo que o direito à educação implica o direito à escola pública. Por outro lado, a educação pública sustenta, ou deveria sustentar e deve buscar isso, um projeto de educação como bem comum, de educação aberta a todos, de educação como direito universal.

Essa definição de educação pública como direito universal acarreta algumas conseqüências, tais como:

- A educação de base deve ser obrigatória, condição necessária para que seja universal.
- A escola pública deve ser gratuita em todos níveis – inclusive universitário – e deve primar pela qualidade, para que não sejam confundidos o acesso à escola com o acesso ao saber. Deve, pois, receber os financiamentos dos quais necessita, e os professores devem receber a formação acadêmica e profissional indispensável a um ensino de qualidade.

- A escola pública deve ser acessível a todos, sem distinção de sexo ou de grupo (étnico, religioso, cultural, etc.). A igualdade de tratamento para todos deve ser garantida dentro da escola. É preciso destacar sobretudo que hoje ainda, em muitos países, a igualdade entre homens e mulheres perante a educação ainda não é respeitada e devemos lutar para que seja. Se medidas particulares são tomadas em favor dos alunos provenientes das camadas mais humildes da população ou mais frágeis socialmente, elas devem ser acrescentadas às demais medidas destinadas a todos, e não substituí-las. A educação pública, na escola pública ou em outros estabelecimentos públicos, deve ser acessível a pessoas de todas as idades: pequena infância, infância, adolescência, idade adulta e terceira idade.
- A escola pública deve ser defendida como um direito. Qualquer violação desse direito deve ser denunciado publicamente como infração aos direitos humanos. É preciso, sobretudo, denunciar publicamente, por meio de uma ampla difusão, inclusive internacional, as exigências impostas pelo FMI em seus planos de reajuste que reduzem os créditos destinados à escola pública – com o apoio de países dominantes, e especialmente de um país hegemônico, que proferem facilmente discursos sobre os direitos humanos a esses países dominados, aos quais estão impondo, entretanto, uma violação ao direito universal à educação. As reformas educativas devem proceder de uma soberania nacional à qual não se pode renunciar e do efeito das inovações dos professores, e não de uma adaptação ao mercado globalizado.
- O fato de a escola ser um direito acarreta obrigações para ela. O que é um direito não é simplesmente o acesso à escola pública, mas o acesso ao saber e à educação.

Assim, um currículo comum de base deve ser definido para todos, o que constitui uma obrigação para a escola e para o Estado. Em nossa sociedade, devem ser respeitados os princípios de base de uma educação democrática, tais como:

- uma educação voltada ao respeito dos direitos humanos e da dignidade de si mesmo e dos outros: contra a violência, a opressão, as drogas, etc.; uma educação, portanto também, voltada aos valores universais, como: liberdade, igualdade, solidariedade, paz e saber;
- uma educação que reconheça as diferenças culturais e que as respeite e as leve em consideração – desde que não estejam em contradição com o direito à dignidade nem com os direitos do sujeito;
- uma educação que respeite os direitos da criança – definidos nas cartas internacionais – especialmente seu direito de expressão;
- uma educação que se inscreva na perspectiva do desenvolvimento sustentável e solidário, portanto também uma educação voltada ao meio

ambiente, ao conhecimento e ao respeito do patrimônio; esse patrimônio é constituído também pela cultura construída, ao longo dos séculos, pelas comunidades ditas "indígenas" ou "autóctones", inclusive sua cultura não-escrita;
- uma educação que garanta a alfabetização de todos, inclusive dos adultos analfabetos;
- uma educação voltada ao pensamento crítico e racional, que proteja contra todas as formas de fundamentalismo, de conservadorismo, de populismo demagógico;
- uma educação que leve em conta as evoluções científicas e tecnológicas; portanto também uma educação que, juntamente com o acesso aos livros (que continuam sendo insubstituíveis), assegure o acesso à informática e às redes telemáticas (Internet) – sem, todavia, cair nas ilusões mencionadas anteriormente nem confundir o acesso à informação e ao saber;
- uma educação que considere todas as dimensões do ser humano, portanto também o corpo – educação à saúde, educação sexual, especialmente na perspectiva da luta contra a AIDS –, a sensibilidade e o imaginário – educação artística;
- uma educação para a cidadania e para a paz, que desenvolva a consciência dos direitos e deveres do cidadão, que construa sentimentos de grupo, que mostre à criança sua cultura, mas também outras culturas, que eduque para a tolerância e para a resolução dos desacordos e dos antagonismos pela palavra e pelo debate, e não pela violência; que permita superar o abandono, a pulverização relacional e a violência difusa provocadas por uma urbanização sem referências e sem acompanhamento educativo; o ensino de línguas estrangeiras deve contribuir para essa educação pela paz (no FME, algumas pessoas insistiram sobre o ensino do esperanto como instrumento de educação voltado para o encontro com o outro e para a paz).

Tal educação supõe repensar, e freqüentemente transformar, muitas das práticas pedagógicas atuais. Não se trata somente de defender a escola pública, mas também de transformá-la, às vezes profundamente, para que não seja mais um lugar de fracasso para as crianças que pertencem às camadas sociais, às comunidades e às culturas mais frágeis. O direito à educação não é simplesmente o direito de ir à escola; mas o direito à apropriação efetiva dos saberes, dos saberes que fazem sentido – e não de simples informações dadas pelo professor ou encontradas na Internet –, de saberes que esclareçam o mundo – e não de simples competências rentáveis a curto prazo; o direito à atividade intelectual, à expressão, ao imaginário e à arte, ao domínio de seu corpo, à compreensão de seu meio natural e social; o direito às referências que permitem construir suas relações com o mundo, com os outros e consigo mesmo. É preciso reconhecer que as atuais práticas pedagógicas estão longe de garantir sempre o respeito a esses direitos e gerar uma transformação da escola pública em profundidade, uma transformação que ateste sua capacidade de transmitir um patrimônio, de responder aos desafios do presente e do futuro e de renovar a si própria.

Essa transformação deve ser acompanhada por uma formação dos professores, esta também profundamente transformada, e pela pesquisa. Ela implica o respeito de princípios democráticos de organização: organização democrática e participativa do currículo e da gestão dos estabelecimentos – com participação dos próprios alunos, de representantes dos pais, de representantes da comunidade –; com reuniões regulares de professores e desenvolvimento de práticas pedagógicas em equipe e interdisciplinares.

Alguns outros princípios e proposições, mais específicos para este ou aquele nível de ensino ou público, foram formulados no FME, tais como:

- A importância das políticas de educação que visam à pequena infância (creches, escolas maternais), as quais já se sabe que contribuem imensamente para a redução das desigualdades na escola.
- Princípio de inclusão/integração dos alunos portadores de deficiências (surdos, cegos, etc.), que devem ser incluídos na rede comum de ensino; no entanto, deve-se insistir igualmente no fato de que isso implica uma formação dos professores voltada para essa integração, senão esta pode acarretar novos efeitos de discriminação.
- Direito à educação dos jovens (e adultos) em situação de exclusão social ou de conflito com a lei: presos, jovens abrigados, jovens de rua e, principalmente, jovens e adultos que vivem em situação de vulnerabilidade ou de marginalização sociais – o que implica freqüentemente a construção de abordagens e de pedagogias que levem em conta as especificidades dessas populações, mas em uma perspectiva universalista, e não discriminatória, como a da "compensação" e a da ajuda social.
- No ensino superior, a necessidade de manter estreitamente ligados o ensino, a pesquisa e as atividades profissionalizantes (ou de extensão). Esse princípio deve ser aplicado também às universidades privadas, cuja atividade não deve ser autorizada – inclusive em matéria de formação dos professores – caso não se dediquem também à pesquisa. Trata-se de uma proteção do próprio princípio universitário, bem como dos estudantes e dos professores. Por outro lado, a descentralização e a autonomia universitárias não devem ser álibis para o abandono das universidades públicas pelo Estado, para que sejam desvinculadas de um projeto nacional, para obrigá-las a se financiarem sozinhas, mas devem ser formas de respeito à função crítica da universidade e da pesquisa e de sua independência em relação às potências econômicas.
- A certificação profissional não deve ser abandonada às pressões do mercado, mas deve ser garantida pelo Estado (com sistemas de reconhecimento recíproco dessa certificação entre os Estados).

A EDUCAÇÃO E AS LUTAS SOCIAIS

O direito à educação, à educação pública, à escola pública, com todas as conseqüências que isso acarreta, não será instaurado pelos poderes atualmente dominantes; ao contrário, a globalização neoliberal atual impõe princípios totalmente contraditórios a esse direito. Tal direito só pode ser conquistado por meio de lutas, e essas lutas só podem obter resultados se fizerem parte de um movimento maior de lutas por uma sociedade e por um mundo solidários, igualitários, justos, livres dos processos de dominação e de exclusão. As lutas pela educação devem se unir às grandes correntes de luta social (representadas no Fórum Social Mundial), e estas devem se voltar ainda mais para a questão da educação. Depois das lutas dos professores e dos estudantes (e de seus sindicatos sobretudo), fundamentais, é o conjunto do movimento social em luta que contribuirá, assim, para uma verdadeira democratização do ensino e da educação.

Não é uma casualidade que, historicamente, haja uma relação entre a ascensão das lutas populares e o crescimento da escola pública e inversamente entre o refluxo do movimento popular e o crescimento da escola privada e da comercialização da educação. As lutas populares são necessárias para impor o direito universal à educação e à escola pública. A educação popular, por sua vez, é um instrumento de base fundamental para a organização das lutas dos setores populares contra a exclusão e pela construção de alternativas ao modelo liberal globalizador. Essa relação também tem um valor pedagógico: por um lado, na luta, educa-se e aprende-se; por outro, a memória dos movimentos populares e de suas lutas integra o patrimônio que, por meio da educação, deve ser transmitido de geração a geração.

É fundamental salientar que os excluídos – pobres, minorias, comunidades indígenas, etc. – não devem ser somente beneficiários da educação; devem, sim, participar ativamente por meio do debate público e do confronto de opiniões e de interesses, na formulação, na execução e no controle das políticas educativas. Estas não são tarefas nem somente dos coordenadores, pois assim se corre o risco de submeter a educação a interesses particulares, nem somente dos professores, correndo-se o risco de corporativismos, nem, aliás, somente das comunidades, uma vez que estas poderiam fechar-se na comunidade prejudicando o próprio jovem; elas dependem do debate público contraditório, participativo, democrático.

O Fórum Mundial da Educação e o Fórum Social Mundial contribuíram e contribuem ainda com esse debate. O que começamos a construir, desse modo, é uma rede mundial de lutas e de propostas sobre a questão da educação. Uma rede para resistir à globalização neoliberal e defender a escola pública; uma rede para afirmar e transformar a escola pública, pelas sociedades e por um mundo mais solidário. É essa rede que devemos desenvolver agora.

Conclusão
Um olhar francês sobre a escola no Brasil

Muitas vezes, pesquisadores brasileiros importaram conceitos franceses para refletir sobre a educação, inclusive, recentemente, o conceito de relação com o saber, que desenvolvi na França. Mas, dessa vez, o autor francês seguiu seus conceitos e se instalou no Brasil... O fato de eu viver nesse país não faz de mim um especialista da questão da educação no Brasil, mas evidentemente que, por ser pesquisador, sou levado naturalmente a identificar diferenças entre meu país de origem e meu país de adoção, espantar-me às vezes, levantar hipóteses, etc. Apresentarei a seguir algumas dessas reflexões "franco-brasileiras".

Na França, a escola foi construída pelo Estado, começando pela realeza e aprofundando-se na República. A escola, de responsabilidade do Estado, é, pois, uma questão política. Evidentemente que também há na França um ensino privado que escolariza 13% dos alunos das séries iniciais e 20% das séries finais do ensino fundamental e do ensino médio e, se consideramos as idas e vindas entre ensino público e privado, são 38% dos jovens que fazem, no mínimo, um ano de estudos no ensino privado. Este, porém, é diferente do ensino privado brasileiro. Por um lado, a diferença social entre alunos dos setores público e privado, mesmo que exista, é muito menor do que no Brasil. Por outro, as escolas privadas francesas são, em sua maioria, católicas e quase sempre "associadas" ao Estado, que paga o salário dos professores e, em troca, tem o direito de inspecioná-las para verificar se elas respeitam os programas nacionais. Além disso, o ensino público depende do Ministério da Educação Nacional. Atualmente, assiste-se a um movimento de desconcentração, de descentralização e de territorialização das políticas educacionais francesas, mas o Estado ainda garante a parcela fundamental do financiamento e do controle das escolas (ensino fundamental e médio) e das universidades. Todos os professores do setor público, qualquer que seja o nível de ensino, são funcionários do Estado francês (é, pois, como se todos os professores brasileiros fossem funcionários federais). Eles trabalham sob o regime chamado no Brasil de "dedicação exclusiva" e seu salário é bem razoável: um casal de professores com dois filhos pode comprar seu apartamento com um crédito de 25 anos, trocar de carro (novo) a cada cinco anos e sair de férias por um mês todos os anos.

Quando um francês se instala no Brasil, tem um pouco de dificuldade em compreender quem controla a escola. Algumas dependem dos municípios, outras, do Estado, outras, da União. Ademais, as escolas privadas são empresas comerciais, além de pedagógicas. Quanto aos professores, eles podem trabalhar uma parte do dia em uma escola pública e uma outra em uma escola privada – o que seria impensável na França – e seu salário varia conforme os municípios e os Estados; ao passo que, na França, é o mesmo em todo território nacional, variando somente em função do tempo de carreira e, de maneira mínima, da avaliação do trabalho que fazem. Isso tudo é surpreendente para um francês.

Este fica surpreso igualmente com a diferença na forma de lidar com os pais. Na França, eles não entram na escola, esperam suas crianças na porta e, de um modo geral, não há muito contato entre a escola e o bairro (não se fala em "comunidade", palavra considerada tabu). O contato entre a escola e os pais é muito institucionalizado e ocorre sempre por iniciativa da escola. A escola pode organizar uma reunião com os pais – para explicar-lhes o que faz, não para perguntar sua opinião... –, um professor pode convocar os pais – quase sempre para fazer queixas de um aluno –, há Conselhos de escola, mas são representantes eleitos dos pais (mais freqüentemente, associações de pais de alunos) que participam deles e não todos os pais que assim quiserem. A facilidade com que os pais brasileiros podem entrar na escola, circular dentro dela, encontrar os professores e a diretora, bem de acordo com a idéia de que a escola deve estabelecer relações fortes com a comunidade que a cerca, espanta um francês. Entretanto, a diferença entre o Brasil e a França é menor quando se distingue o caso das escolas privadas e das escolas públicas. No Brasil, é sobretudo nas escolas privadas que as crianças circulam dessa forma no recinto escolar; na França, igualmente as escolas privadas são mais abertas aos pais do que as escolas públicas. No Brasil como na França, os professores das escolas públicas se queixam muitas vezes da ausência dos pais nas reuniões que organizam.

Um francês surpreende-se também com as diferenças na organização do tempo, principalmente, porque na França os alunos ficam na escola o dia inteiro (geralmente três horas de manhã e três horas à tarde), e não segundo um sistema matutino e vespertino (muito menos ainda "noturno"! as escolas francesas não funcionam à noite). Em compensação, os alunos franceses têm mais férias do que os alunos brasileiros: globalmente, eles têm sete semanas de aula, depois sete semanas de férias, etc. (além dos dois meses de "grandes férias", em julho e agosto). Mas essa não é a única diferença; há também uma diferença quanto à rigidez dos horários. Na França, os alunos devem ficar na escola durante o período de aula e sair assim que esse tempo terminar. A escola não tolera muito que um aluno chegue atrasado e menos ainda que seus pais estejam atrasados (mesmo 10 minutos!) para buscá-los na hora da saída. Esta é uma causa de conflitos freqüentes com os pais imigrantes que vêm de países do "sul", acostumados com um tempo mais flexível. No Brasil, por sua vez, os alunos esperam seus pais circulando pela escola, o que parece normal a todo mundo.

Surpreendentes igualmente, inclusive para um militante francês, são as greves de professores, especialmente do ensino superior. No Brasil, elas podem durar semanas, ou até meses; ao passo que, na França, são feitas greves de um dia, destinadas a advertir e a impor uma negociação (e os dias de greve não são pagos). Se o Ministério se recusa a iniciar uma negociação, organiza-se uma nova greve de um ou dois dias e assim sucessivamente até que se chegue a um acordo. É somente no caso de um grande movimento social ou de um grave conflito no estabelecimento que os professores se envolvem em uma greve longa.

Há, na minha opinião, um fundamento comum a todas essas diferenças: historicamente, a construção da escola e o papel do Estado nessa construção não foram os mesmos na França e no Brasil. É isso que é importante que se compreenda, mais do que saber "quem tem razão" ou "o que é melhor".

A França passou por três grandes períodos de expansão escolar: de 1830 a 1905,[1] construiu sua escola "primária" (5 anos de estudos, séries iniciais do ensino fundamental) e concluiu a alfabetização dos franceses; de 1955 a 1975, prolongou o tempo da escola em todos os sentidos: abriu para todos o ensino do *collège* (4 anos de estudos que correspondem às séries finais do ensino fundamental) e generalizou a pré-escola (de fato, todas as crianças francesas vão à escola desde os 3 anos e alguns mesmo antes); de 1985 a 2000, conseguiu levar, aproximadamente, dois terços dos jovens[2] ao final do ensino médio, ao *lycée* (3 anos de estudos) geral, tecnológico ou profissionalizante (sendo que uma grande parte do restante dos jovens recebe uma formação profissional de 2 anos). Paralelamente, o ensino universitário se desenvolveu, de 1960 a 2000, em universidades públicas.[3] Três quartos de século para as séries iniciais do ensino fundamental, 20 anos para as séries finais, 15 anos para o ensino médio e 40 anos para as universidades, ou seja, 170 anos – 1830 a 2000 – se passaram para a construção de um sistema escolar de qualidade (segundo as avaliações internacionais) e gratuito.

E no Brasil, o que aconteceu? O projeto de uma alfabetização de massa e de uma escola de ensino fundamental para todos apareceu bem mais tarde do que na França, o que explica a persistência da escravidão até 1888 – não se alfabetizava escravos – e a instauração tardia da República, em 1889. É nas décadas de 1920 e de 30 que nasceu e se desenvolveu, com Fernando de Azevedo e com o Manifesto dos Pioneiros da Escola Nova (1932), um movimento por uma escola pública de ensino fundamental para todos. Atualmente, o Brasil escolariza a quase totalidade – mais de 95% – dos jovens de 7 a 14 anos. No entanto, é preciso concluir o estabelecimento dessa escola fundamental: uma proporção considerável (quase a metade) dos alunos inscritos na escola não dominam as aprendizagens de base. Além disso, a taxa de analfabetismo da população com mais de 15 anos era de 11, 8% ainda em 2002.

Ao mesmo tempo em que deve concluir a construção da escola fundamental (equivalente à *école primaire* e ao *collège* franceses), o Brasil deve construir um ensino médio (equivalente ao *lycée* francês). Os brasileiros com mais de 15 anos têm, em média, menos de 7 anos de estudos (6,7 no caso das mulheres e 6,4 no dos homens). O ensino médio se desenvolveu, é bem verdade, nos anos 1990, porém, em 2002, os três anos de ensino médio acolhiam 8,7 milhões de alunos, ao passo que os quatro primeiros anos de ensino fundamental escolarizavam 19,4 milhões de crianças e adolescentes: muitos alunos que entram no ensino fundamental não chegam até o ensino médio. Além disso, muitos daqueles que conseguem ingressar neste freqüentam o curso noturno (54,9% em 1999), com todas as dificuldades que esse tipo de ensino apresenta em termos de abandono e de qualidade. Em outras palavras, a construção de um ensino médio completo está longe de ser concretizada no Brasil. O problema se agrava ainda mais à medida que o desenvolvimento insuficiente do ensino médio freia o do ensino superior.

Para resumir brevemente a comparação entre a França e o Brasil sobre essa questão, poderíamos dizer que, enquanto a França – bem como a Inglaterra, a Alemanha, etc. – dispôs de tempo para construir os diferentes estágios de seu sistema escolar, o Brasil teve de realizar tudo ao mesmo tempo: generalizar o ensino fundamental e terminar de alfabetizar toda a população, construir um ensino médio sólido e que acolha uma grande parte de cada geração, desenvolver suas universidades, especialmente no nível dos estudos de doutorado.

Para compreender, porém, as diferenças entre a França e o Brasil, é preciso também levar em consideração as características políticas, sociais e econômicas dos períodos nos quais os dois países desenvolveram ou desenvolvem os diferentes segmentos de seu sistema escolar.

Na França, o ensino fundamental foi construído pelo que se pode chamar de um "Estado Educador". Seu objetivo era mais político-cultural do que econômico. Era preciso ensinar as virtudes da ordem, do trabalho e da moderação aos filhos de camponeses e de operários, que sofriam a influência monarquista ou socialista. Em compensação, eles eram reconhecidos como cidadãos, com direitos universais e com a proteção da República. Isso explica por que a escola francesa é fechada aos pais: seu projeto histórico não é de colaborar com os pais na educação de seus filhos, mas de educar os próprios pais através deles.

Assim se explica, da mesma forma, o fato de a escola francesa ser institucionalizada: é uma instituição da República, com suas regras próprias, seu tempo, seu espaço protegido, ao passo que, historicamente, a escola privada era considerada como inimiga da República. Assim se explica, também, por que os professores são protegidos, inclusive contra os pais, e gozam do *status* de funcionários públicos. Esses professores são aliados do Estado republicano em sua empreitada de moralização do povo e aceitam essa aliança à medida que ela garante também a instrução para todos. Naturalmente, em tal aliança, greves duras não existem; em caso de conflito, a negociação é imposta pelas duas partes. Esse modelo histórico retrocedeu, principalmente a partir do movimento de descentralização realizado nos anos 1980; mas deixou traços fortes no imaginário francês: a relação dos franceses com a escola ainda é uma relação com uma instituição de Estado.

O ensino médio nasceu elitista – no início do século XX, somente 5% dos jovens obtinham o *baccalauréat*, diploma de conclusão do ensino médio, enquanto a porcentagem hoje é superior a 60%; mas abriu-se nos anos 1960, época em que o Estado toma forma do "Estado Desenvolvimentista". O principal objetivo deste era o desenvolvimento econômico e a abertura do ensino médio que deve servir para isso. A partir daí, não se foi mais à escola para se tornar um bom cidadão, mas para se ter um bom emprego. Com a "Crise" dos anos 70, o "Estado Desenvolvimentista" tomou a forma, nos anos 80 e 90, de um "Estado Regulador": ele descentralizou as responsabilidades, mantendo seu papel central de regulação. A partir daí, o sistema escolar começou a perder sua uniformidade e iniciou a concorrência entre os estabelecimentos, inclusive no ensino público, surgindo tendências gerenciais e neoliberais. Podia-se, então, passar de uma escola pública a uma privada e vice-versa, sem se ter o sentimento de trair sua filiação ideológica: escolhia-se a escola como se escolhia o médico ou o cabeleireiro, conforme critérios de eficácia e de conveniência pessoal.

A situação brasileira parece-me bem mais complexa do que a situação francesa,[4] sobretudo porque existem dois tipos de escolas no Brasil: de um lado, uma escola pública, considerada, freqüentemente, como escola para pobres, e, de outro, uma escola privada, que funciona na lógica socioeconômica e administrativa que caracteriza o "Estado Regulador".

O projeto que subjaz o Movimento dos Pioneiros da Escola Nova dos anos 1920 e 30 é da mesma natureza que aquele desenvolvido pelo Estado Educador francês. O Brasil, no entanto, passou em seguida por dois períodos de ditadura que tornaram impossível tanto uma escola do povo à francesa – que insiste nos Direitos Humanos – quanto uma escola que respeite as diferenças: de um lado, a ditadura populista de Getúlio Vargas (1937-1945) e, de outro, a ditadura militar (1964-1984), que desenvolveu o ensino fundamental em uma perspectiva que é a do Estado Desenvolvimentista desse período histórico. Assim, começou a se construir uma escola pública de ensino fundamental que garantia a instrução de base, mas não constituía uma instituição da República. A ditadura militar terminou, em 1984, em um momento em que se estava entrando na Globalização e no Estado Regulador. As autoridades brasileiras aderiram à descentralização, tanto mais que a mesma aparecia como uma defesa da liberdade diante de o poder federal. Poder federal este que tinha funcionado de forma ditatorial durante 20 anos. A União Federal assumiu explicitamente um papel de regulação do ensino – coordenação, articulação entre os diferentes níveis, função normativa, redistributiva e supletiva, dita de modo explícito no artigo 8 da LDB de 1996. Ora, no mundo inteiro, esse processo de descentralização acompanhado por um Estado Regulador favoreceu a concorrência dentro da escola pública e, ao mesmo tempo, o desenvolvimento da escola privada. O Brasil não fugiu à regra: as escolas privadas se multiplicaram e constituíram, ao lado das escolas públicas, um setor escolar de concorrência de tipo neoliberal. Esse processo acarretou uma degradação da escola pública, que resistiu cada vez menos na medida em que não estava enraizada em uma ideologia da igualdade e da universalidade. Mais do que escola do povo, ela funcionou como escola para o povo, escola para os mais pobres. Não é uma instituição do Estado, mas um serviço oferecido por este, como o correio. Como serviço, ela é muito mais aberta aos usuários do que a escola francesa, vivida como uma instituição. Por outro lado, os professores assemelham-se mais a prestadores de serviço do que a funcionários públicos: seu salário varia conforme o mercado do trabalho da educação, eles podem oferecer seus serviços na rede pública e, simultaneamente, na rede privada, podem entrar em greves duras e longas, como todos os outros tipos de trabalhadores.

Minha hipótese, portanto, é que o projeto de escola do povo, criado pelos Pioneiros da Escola Nova nos anos 1920 e 30, em uma perspectiva que era a do "Estado Educador", fracassou devido às ditaduras pelas quais o Brasil passou e acabou, na época do "Estado Regulador", em um serviço escolar público para os pobres, enquanto, nessa mesma época, desenvolvia-se um setor escolar concorrencial de tipo neoliberal. Mas isso é apenas uma hipótese, construída a partir de um olhar francês, e oferecida à crítica daqueles que conhecem melhor a história da escola brasileira...

Além disso, essa hipótese deve ser enriquecida por duas nuances.

Em primeiro lugar, uma escola fundamental não pode funcionar em uma lógica puramente econômica e concorrencial, não pode negligenciar completamente a questão dos valores político-culturais, mesmo em uma sociedade neoliberal. O próprio Banco Mundial, símbolo das políticas escolares neoliberais, aconselha uma escolaridade de base – de 4 a 5 anos – sob a responsabilidade do Estado. De fato, o ensino fundamental deve garantir a alfabetização de base e a transmissão dos valores que permitem evitar um estado permanente de guerra civil. A produção, as trocas e, de uma forma geral, os "negócios" supõem um mínimo de paz social e de consenso. No nível do ensino fundamental, não se pode, portanto, opor de maneira radical uma escola pública "educadora" a uma escola privada "neoliberal". A própria escola privada deve garantir uma educação em valores e, mesmo quando estes são elitistas, devem supor a aceitação do outro.

Em segundo lugar, a própria noção de Estado Educador remete a realidades históricas diferentes na França e no Brasil. Um Estado centralizado, com uma ideologia universalista que exclui da esfera pública as diferentes culturas – "comunitárias" –, como o francês, não poderia ser construído no Brasil, país vasto, culturalmente diverso e cuja economia contou por muito tempo com a escravatura (negação absoluta da idéia universalista dos Direitos Humanos). Parece-me que hoje, no Brasil, o trabalho de educação garantido pela escola fundamental tem por base três fundamentos coerentes entre si:

1. O respeito ao outro (quaisquer que sejam suas diferenças), veiculado pelo discurso sobre a cidadania. Esse discurso se parece mais com o discurso anglo-americano – respeito e tolerância para com o vizinho – do que com o discurso francês – que remete à integração comum nacional.[5] Ele se refere mais ao vínculo social do que ao vínculo político.
2. A religião. Para além de tudo o que distingue, separa e às vezes opõe os brasileiros, eles têm em comum a fé em Deus, ao menos em sua grande maioria. É verdade que a relação com este toma formas bem distintas, mas a religião é no Brasil fonte de tolerância, ao passo que, em outros países, as diferenças religiosas são fontes de ódio e, na França, as referências religiosas são excluídas do ensino público como fontes de segregação e de obscurantismo.
3. A idéia de democracia. O Brasil, historicamente, passou pela colonização, pela escravatura e pela ditadura. Quando saiu da ditadura militar, em 1984, a idéia de democracia foi afirmada com insistência e retomada em todos os planos e currículos educativos. A "gestão democrática do ensino público" está inscrita na própria Constituição brasileira.

Cidadania, compreendida como respeito ao outro e tolerância, Deus e democracia: estes são os valores educativos fundamentais que me parecem ser veiculados no Brasil pela escola pública e, ao mesmo tempo, pela escola privada. Eles resultam da história do Brasil, assim como o universalismo e a laicidade da escola francesa resultam da história da França.

Essas diferenças históricas e políticas têm, evidentemente, efeitos pedagógicos. Citarei aqui apenas dois com os quais me surpreendi como francês, mas que passei a compreender melhor após essa reflexão histórica.

O primeiro diz respeito à insistência de muitos professores brasileiros na necessidade de amar os alunos e ao fato de que se vê, nos cadernos dos alunos, anotações – feitas com carimbos, o que significa que o professor as utiliza com freqüência – do tipo "te amo fofinho"... Talvez seja o que mais tenha me espantado na escola brasileira. Falando com os professores, e sobretudo com as professoras, percebi que passava mais ou menos por um monstro, ou no mínimo insensível, quando criticava tal postura. Depois de ter desenvolvido a análise histórica que mencionei anteriormente, compreendo melhor essa diferença. A escola francesa é uma instituição pública, e não um lugar de amor. Isso não quer dizer que o professor francês não se interesse por seus alunos ou que não haja afetividade na relação entre professor e aluno; isso quer dizer que, na perspectiva francesa da escola como instituição, o amor não pode ser posto como fundamento do ato de ensino. A escola, nesse caso, é considerada como um lugar onde o aluno tem direito de receber um bom ensino inclusive de um professor do qual não gosta e que não gosta dele também. O saber é um direito, não um presente. Se a questão do amor é tão importante aos olhos dos professores brasileiros, é provavelmente porque eles não vêem a escola como instituição pública, mas como abrigo de crianças do povo, cuja vida é, por sinal, difícil. Em outras palavras: o professor francês vê na sua frente um aluno; o professor brasileiro vê uma criança ou um adolescente.

A segunda questão pedagógica diz respeito às formas de avaliação dominantes na escola brasileira:[6] questões curtas que pedem respostas curtas e, muito freqüentemente, avaliações do tipo "verdadeiro ou falso" ou por questionários de múltipla escolha. Tenho a impressão de que os alunos brasileiros escrevem pouco, de qualquer maneira muito menos do que os alunos franceses, a quem se pede, desde as classes iniciais, para redigirem textos. Isso também pode ser compreendido de um ponto de vista histórico. A escola francesa atribui uma importância fundamental à linguagem, por diversas razões: a língua francesa foi um dos instrumentos da construção da identidade nacional – contra as línguas locais – e da influência da França no mundo e se mantém como um instrumento importante de diferenciação social. Além disso, escrever um texto supõe uma atividade intelectual e um trabalho sobre si mesmo que corresponde ao projeto da burguesia de "moralizar o povo pela educação" e, ao mesmo tempo, ao projeto do movimento socialista de incitar o reconhecimento da dignidade do povo. A avaliação praticada no Brasil visa a verificar se os saberes "mais importantes" foram adquiridos, através de um instrumento prático e rápido, que dá menos trabalho aos professores do que a avaliação ao estilo francês. Trata-se de um modo de avaliação originário dos Estados Unidos e introduzido inicialmente no Brasil para os vestibulares de medicina, o que era pertinente: é preciso, nesse caso, classificar rapidamente candidatos, com base no critério de seus conhecimentos e não no do que eles fazem desses conhecimentos. Enquanto a França avalia a apropriação pessoal dos saberes, em uma óptica de formação, o Brasil avalia a memorização desses saberes, em uma óptica de desempenho. Pode-se parabenizar a França por buscar uma formação em profundidade... e criticá-la por utilizar um modo de avaliação que favorece as crianças de classe média, educadas em sua família para um determinado tipo de linguagem. Pode-se parabenizar o Brasil de já estar na sociedade da informação... e criticá-lo por confundir saber com informação.

Aqui chegam ao fim essas reflexões "franco-brasileiras". Outros temas poderiam ter sido abordados e o fato de 2005 ter sido decretado pela França como "Ano do Brasil" talvez crie uma oportunidade para isso.[7] Porém, nessa conclusão, pretendi apenas tratar sobre os temas que articulam um interesse teórico e uma experiência pessoal, o que seja talvez a definição do franco-brasileiro...

NOTAS

1. Essas datas são, evidentemente, aproximadas.
2. O objetivo estabelecido, em 1985, era levar de 75 a 80% dos adolescentes à conclusão do ensino médio, mas essa taxa não foi alcançada.
3. Há muito poucos estabelecimentos de ensino superior privado na França, somente algumas *Grandes Écoles* profissionais e elitistas.
4. Digo "parece-me" porque não sou especialista em História da Educação no Brasil. Apresento aqui, vale lembrar, as reflexões de um pesquisador francês diante do que ele percebe e sabe a respeito da escola no Brasil.
5. O atual discurso francês sobre a cidadania, no entanto, tende a perder sua conotação política e a se reduzir também a um discurso sobre o vínculo social.
6. Trata-se daquelas que observei e não posso, obviamente, generalizar. Mas o fato de que estão presentes nos manuais escolares me leva a pensar que são gerais.
7. A cada ano, um país é escolhido pela França para que sua cultura seja revelada aos franceses.